Collection Entailles

MONGOL

Joël Houssin

MONGOL

Éditions SW Télémaque

7, rue Pérignon, 75015 Paris
editionstelemaque.com
ISBN : 978-2-7533-0045-3

1.

JE DEVAIS RÊVER... Pas possible autrement. Je pataugeais dans l'absurde, dans la science-fiction, dans le déraisonnable...

Évidemment, j'avais commis d'autres drôleries incohérentes, et, avec le recul, toutes aussi inexplicables que dérisoires. Des sottises du genre adolescent, souvent ridicules et toujours inavouables.

Le destin, qui me fientait ainsi régulièrement sur la coupole, espérait sans doute me rappeler que j'étais sorti de l'enfance par le bassin. Un accouchement douloureux, bien éloigné de la voie triomphale des yuppies. Pour jamais oublier, sûrement, que, malgré la panoplie de costards, les coûteux mocassins, les bolides hors de prix, gourmands de gazoline, et tous ces millions que je brassais avec maintenant beaucoup de désinvolture, je restais ce que je n'avais jamais réellement cessé d'être : un pauvre connard crédule.

Mais oui...

J'étais parti quand déjà ? À peine vingt minutes après le coup de grelot du vieux Miguel. Pour une fois qu'il m'appelait pas au secours, ce fléau ! Parce que c'était pas la première fois qu'il me faisait transpirer, qu'il jonglait avec mes heures de sommeil… Pourtant pas sujet aux vapeurs, il me prenait de méchants vertiges rien que d'évoquer son souvenir, sa silhouette courbée et ses épaules en accent circonflexe, comme s'il endossait toute la misère du monde, l'espèce de salopette de prolétaire en rupture de chaîne qu'il portait en permanence, lui qui bossait jamais, ses yeux larmoyants de cocker… Rien que son nom me plongeait dans de sournoises langueurs.

La perte de la faculté d'oublier… L'anamnésie peut-être…

Je devais, fatal, souffrir de ça.

Franchement, je pensais avoir passé l'âge des escapades, des vétilles infantiles. À tort. J'avais abandonné la capitale vers les dix heures, roulé près de cinq plombes sous la sauce avec, en fin de parcours, des engeances vicinales et un lave-glace en rideau.

Ma Jag XJ série III s'étonnait. Elle se croyait pas conçue pour ce genre de trajectoire, tout en boue et virages, et me le faisait comprendre. Dans l'usine fleuron de chez Leyland, on pensait pas la limousine façon Paris-Dakar.

Contraint de lever le pied devant l'avalanche de gadoue qui souillait ma berline, je remuais des souvenirs glaireux, d'obscurs cauchemars que je pensais pourtant relégués au rang d'anecdotes. On devrait jamais se laisser aller à la morosité de la mémoire…

Je l'avais connu comment déjà, le vieux Miguel ?

Les circonstances elles-mêmes ne se prêtaient pas vraiment à la naissance d'une amitié solide et durable.

Puisqu'il avait soulevé Patricia. Ma femme.

C'est évidemment avec ses yeux de cocker et les deux plumets argentés qui encadraient aux tempes sa chevelure de jais qu'il les levait toutes. Sans compter son baratin de charmeur qu'il ventilait de préférence dans le registre romantique. Il n'avait pas mis dix jours à la convaincre de me valiser. Ma Patricia. Une gagneuse tout droit poussée des pépinières de Saint-Brieuc, une vraie courageuse dont j'imaginais la mentale taillée dans le granit et que, mordu comme un cave, j'avais si royalement retiré du tapin pour la placarder taulière dans un bar sans histoire de la rue Fontaine.

J'aimais bien le mépris avec lequel elle envoyait rebondir les michetons qui se hasardaient à lui faire du plat, encouragés, faut croire, par la rincette de l'étrier qu'elle accordait, bonne commerçante, uniquement aux fidèles. Belle comme un cœur et formidablement carrossée, elle attirait fatalement pointeurs et traîne-lattes qui devaient, ces pommes, se contenter de la regarder évoluer derrière son comptoir. À quatre-vingts pions la giclée de scotch, ils pouvaient bien la mater jusqu'à s'en décoller la rétine. Elle risquait pas de s'user. Ma Patricia. Jusqu'à ce que l'autre enfoiré se pointe avec ses yeux de cocker…

En découvrant le rade bouclé, je me souviens, j'étais plus irrité qu'inquiet. Je songeais à la grippe, dont le virus cette année-là faisait des ravages dans les rangs des laborieux. La fièvre excusait tout de même pas tout. La môme aurait pu, d'un coup de turlu, assurer son remplacement. Des intérimaires consciencieuses, même pour une noye, j'en connaissais des brouettes entre Blanche et Frochot. J'ai foncé à la taule, bien décidé à sanctionner la désinvolture. C'est en pénétrant dans le studio de Beau-Grenelle, que je louais pour cette morue à quatre cents sacs le bout, que j'ai perdu toutes mes illusions. Ma petite fée m'avait fait la malle. À moi. Comme on plante un barbiquet de cinquième zone pour un hareng plus cossu. Partie sans laisser d'adresse. Avec ses fringues, ses fourrures, sa panoplie de pompes, la fraîche que je planquais là en cas de coup dur, et son échantillon de clébard, un yorkshire qui m'avait coûté la peau des miches et dont les parents, d'après le vendeur, avaient fait un vrai malheur dans les expositions de beauté. L'autre empaqueté, qui devait forcément l'accompagner, m'avait même soulevé la téloche, les deux magnétoscopes et mes alpagas que j'entreposais ici pendant l'hiver.

Preuve de sa totale malfaisance vu qu'on faisait pas la même taille…

La Jaguar amorça un dérapage que je contrôlai d'extrême justesse. Je roulais comme une truffe au beau milieu de nulle part, là où les instructions de Miguel me conduisaient. J'allais quand même pas me viander si près du but ?

La mémoire à marée haute, je laissais les vagues de souvenirs m'ensuquer. Je barbotais dans le lac des regrets.

Parce que j'aurais dû le détruire, ce parasite ! Tout de suite ! Quand, quinze jours après la dérobade de Patricia, ce fumier était venu me trouver, l'air plus malheureux que jamais, pour se plaindre d'avoir, à son tour, été repassé par ma femme. L'aplomb… J'étais suffoqué. Elle lui avait tout pris. Tout. Tiens, il avait même plus de quoi s'offrir un godet.

Qu'est-ce qui m'avait retenu de le descendre à la cave à coups de gifles et de le découper en cubes ? De sortir mon calibre – qui me quittait plus désormais – pour lui cloquer une bonne seringuée de plomb dans chaque rotule ? C'était pourtant pas la crainte d'un témoin. J'étais dans une taule amie. La curiosité peut-être ? Voir jusqu'où il oserait aller.

Parce qu'il allait de plus en plus loin, rassuré sans doute par mon absence de réaction. Il devait me croire ouvert au dialogue, lui qui me pensait violent, impulsif. Selon lui, avec des souris mal drivées au départ, fallait fatalement s'attendre au pire. Il esquissait un parallèle audacieux avec les gails, les trotteurs insuffisamment mis au pas dans leur première année de turbin et qui se montraient ensuite fautifs tout au long de leur carrière. C'est tout juste s'il me reprochait pas d'avoir mal éduqué Patricia.

C'était déjà baroque comme discussion, mais ça a carrément viré au surréalisme quand il s'est mis à évoquer les quinze jours de bonheur qu'il avait tout de même vécu et que plus personne pouvait espérer lui reprendre. Quinze jours au plumard d'après lui…

Ses paroles me revenaient…

– Sans vouloir te vexer, ta gonzesse c'est miss Saute-au-paf ! Tu parles d'une gourmande ! Ah ! j'te jure, si t'as paumé ta queue, cherche pas… C'est elle qui l'a !

Je savais plus si je devais me marrer ou l'étrangler sur place. Il a dû deviner mon hésitation concernant son avenir immédiat et s'est empressé de changer le sujet délicat de la converse.

– Mais j'évoque des choses que tu dois déjà connaître, forcément. Et puis j'suis pas là pour ça, tu penses.

Et c'est comme ça, tout naturellement, qu'il en est venu à me parler des ennuis qu'il avait avec une bande de vilains dont il venait de débaucher une des gagneuses.

Franchement…

Le fumier chaud qui m'avait griffé ma régulière me demandait de l'aide. J'arrivais pas à le croire… Et il m'appelait au secours, ce néfaste, pour le même motif qui aurait dû me conduire, logiquement, à le flinguer d'autorité.

Mais, au-delà de l'indélicatesse de Patricia, qui m'avait davantage valisé comme une voleuse que comme une femme malheureuse, je tenais compte du détail qui modifiait sensiblement le rapport de force.

Un détail dont je n'ai pas encore parlé mais qui manquait pas d'importance, faut pas croire.

Le laisser parler ne me coûtait finalement qu'une rafale de gin tonic que cette ordure éclusait à un rythme industriel. L'espèce de ce genre de crapule insensée devant être heureusement en voie de disparition, je pouvais le laisser, l'ayant à ma pogne et à titre ethnologique, aller jusqu'au bout de son exposé. Prévenir quelques amis sûrs de le cueillir à sa sortie du rade et de l'emmener ailleurs, quelque part où, après vérification d'un alibi pur inox, je pouvais décemment pas me trouver à l'heure où ce bon Miguel aurait, pour le bonheur de tous, enfin replié son parapluie. C'était chose faisable et simple…

Pas si simple pourtant. Ces quinze jours d'insomnies à peine ponctuées de cauchemars terrifiants, de bitures suicidaires, d'errements chimiothérapiques, je les devais ni à l'absence de Patricia ni à une quelconque question d'honneur voyou. Bien sûr, dans mon job, la cote d'un valisé n'est jamais reluisante mais j'aurais eu, sans que ça m'empêche de dormir, la patience d'attendre que les malhonnêtes remontent en surface. Le manque de pognon les guettant à court terme, j'étais tranquille.

Mais Patricia ne s'était pas seulement volatilisée avec ses fringues, mon électroménager et son clebs de malheur. Elle avait aussi emmené, sous son bras, la chair de ma chair, ma fille Julie dont on venait à peine de fêter le troisième anniversaire… Julie… Mon soleil… Tout mon bonheur, toute ma vie concentrée dans un sourire d'une douzaine de kilos… La petite mouflette marrante, ronde comme une bille, avec ses bouclettes blondes et ses grands yeux bleus qui se posaient avec émerveillement sur un monde que je m'efforçais de lui peindre en rose bonbon.

Ma fille, merde, c'est pas rien ! Tout le monde peut comprendre sans effort. Le désespoir qui avait suivi… L'anéantissement. J'étais prêt à lécher les pompes de l'enculé pour qu'il me la rende, pour qu'il promette seulement de jamais lui faire du mal.

Miguel devait attendre que je pose la question. Je le devinais impatient, d'un coup.

– Tu me demandes pas des nouvelles de ta fille ?

– Si.

– Elle va bien. Mais ce coup-ci, Patricia n'est pas partie avec. Incroyable, non ? Qu'elle aime la bite, d'accord, y a des tempéraments. Mais qu'elle abandonne sa fille, franchement, elle passe les bornes. D'autant qu'elle est gentille, cette môme… T'avais remarqué qu'elles ont les mêmes fossettes marrantes sur le valseur ?

La coupe de champagne venait d'exploser entre mes doigts. J'avais laissé volontairement le raisiné perler doucement sur le comptoir, comme une image d'avenir.

– Où est-elle ?

Il s'était empressé.

– Chez un ami. Je l'ai un peu affranchi de la situation. T'inquiète pas, c'est le brave mec, mais il a une nature soucieuse. Il pourrait s'énerver de pas me voir rentrer.

L'ultime banderille. L'existence de ma petite Julie dépendait maintenant de la survie de ce cancrelat.

C'est comme ça que je suis devenu, pour un temps que j'espérais moins long, le porte-flingue, l'esclave du mari de ma femme...

J'arrêtai la Jaguar. Au beau milieu de la route, sûrement, sachant vraiment pas où me garer. Les phares longue portée parvenaient plus à crever le rideau de pluie que la tempête plaquait sur mon pare-brise. J'étais bel et bien paumé. Quelque part entre les Vosges et le Jura, dans ce coin de la France profonde où j'aurais jamais cru devoir un jour mettre les pieds. Depuis un moment, le chemin paraissait plus du tout correspondre au plan que m'avait dicté le vieux Miguel. J'avais, probable, daubé une bifurcation quelque part en amont. Le tourbillon des souvenirs néfastes m'avait emporté, distrait. J'en arrivais même à distinguer des nuances sur la palette de l'horreur.

À regretter de n'avoir pas eu un garçon à la place de Julie que je pensais connement plus vulnérable aux sévices de ses ravisseurs. Une petite fille… Je dérapais insensiblement vers l'atroce, l'insoutenable. Miguel irait quand même pas jusqu'à l'abomination suprême ? Pas avec une gosse de trois piges ?

Si ?

Quatre mois, il m'a tenu. Par les couilles, par la vie, par le prolongement de ma vie. Quatre mois de pénitence pendant lesquels j'ai dû régler les embrouilles de Monsieur, prendre ses patins à tout propos, au risque de me fâcher avec mes meilleurs amis, casquer des amendes cosmiques pour ne pas avoir à tuer de braves garçons qui ne faisaient que défendre leur bon droit. On commençait à ricaner dans mon dos. À ce point-là, les ignorants devaient forcément penser que je lui filais le fion, à mon tortionnaire. Que je faisais tout ça par amour. Que j'avais viré coquine. Pas possible autrement… On guettait, dans mes manières, la touche chochotte et on devinait, dans la façon vaguement précieuse que j'avais de saisir ma tasse de caoua, la preuve de mon goût profond pour la terre jaune.

Ceux qui étaient dans la confidence me donnaient de judicieux conseils :

– Laisse-nous l'entreprendre ! Une séance à la cave et tu récupères ta gosse dans l'heure…

Peut-être. Mais pas sûr. Ce risque-là, je voulais pas le courir.

Et l'autre empaqueté, conscient des tentations brutales qui me taquinaient, me laissait mijoter.

– J'te la rendrais bien, ta môme, il disait. Mais qu'est-ce qui t'empêcherait alors de me faire la peau ?

J'avais beau feindre.

– Charrie pas, mec ! il rétorquait. Tu crèves d'envie de me flinguer. Tu crois que ça se voit pas ? Remarque, à ta place, je penserais la même chose…

Il se mettait à ma place ! Normal dans le fond puisque je prenais la sienne dans tous les coups foireux qu'il s'efforçait d'inventer…

Dans cette galère pourrie, je me voyais ramer pendant quinze, vingt ans. Le sapement d'assises pour adultes. Quant aux remises de peine, j'imaginais mal Miguel me les accorder.

En quatre mois, qu'on ne s'illusionne quand même pas sur mon compte, j'avais pas renoncé à tout. Une vraie toile d'araignée j'ai tissé autour de mon bourreau. Ses rares amis, des infréquentables du même tonneau, les endroits qu'il affectionnait, les filles qui le suçaient, ses parcours, diurnes et nocturnes, je les connaissais par cœur ! J'étais devenu son ombre, espérant qu'un jour il finisse par me conduire jusqu'à ma fille.

Il devait pourtant la voir, ou contacter un intermédiaire, puisqu'il m'en ramenait toutes les semaines des photos. D'après ces polaroïds d'ailleurs, il la sapait grand confort, ma Julie. Il en prenait soin, de son assurance-vie. Il me semblait même qu'elle grandissait…

Sans moi.

Malheureusement, malgré mes efforts pour réduire son espace de liberté, Miguel ne commit pas la moindre erreur. Je lui ai tout proposé. Tout ! Mon argent, mon bar, ma maison, mes voitures…

– J'aurais un héritier, il bougonnait, j'dis pas… Mais là…

Dans un tonneau d'huile brûlante j'allais le plonger. Dès que j'aurais retrouvé Julie. Dix mille sévices il allait subir, l'infâme ! Je me documentais sur les supplices, cochais les mieux douloureux, en inventais d'autres, prenais des notes. Parfois, d'humeur inexplicablement maussade, il piquait une colère :

– Si tu crois que j'te vois pas me tourner autour ! Toi et tes enfoirés d'amis ! J'peux plus faire un pas sans vous retrouver sous mes semelles ! Tu m'encercles, tu m'étouffes, tu m'asphyxies ! J'peux même plus faire mes courses sans que les épicemards me demandent de tes nouvelles. J'te jure, c'est plus une vie !

Et ça tournait régulièrement à l'aigre…

– Toi, t'as une belle gueule, de l'allure, du pognon en Bourse et des affaires qui tournent. T'es pas emmerdé pour remonter du carbure. Mais moi ? Hein ? Comment j'fais avec ma tronche en coin et ma nature dispendieuse ? J'te le demande ?

Les doigts me démangeaient mais j'osais pas le

claquer, de peur qu'il ne répercute les beignes en écho sur ma Julie.

Sa tronche en coin l'avait pas empêché de lever au béguin les plus baths trotteuses de Pigalle au Châtelet. Je jugeais d'ailleurs la chose incompréhensible, quasi magique. Je cessais plus de m'interroger sur la singularité de son succès auprès des dames. Qu'est-ce qu'elles lui trouvaient, toutes ? Il présentait pourtant vraiment pas une affiche de mannequin et au plumard la rumeur féminine le prétendait plutôt quelconque. Je devais, à ce propos, pas oublier de le questionner sur son secret avant de le buter.

Quant à sa nature dispendieuse, j'en savais quelque chose. Puisque j'en étais venu, très logiquement, à le nourrir, à le saper, à le loger… Il était devenu comme un petit frère handicapé que je traînais partout derrière moi. Au train où ça allait, cette plaisanterie pouvait raisonnablement durer vingt piges. Je risquais perpète sur ce coup naze.

Dans quel état j'allais la retrouver, ma petite Julie ?

Ou plutôt…

Dans quel état elle allait me revoir ? Au rythme où je buvais pour oublier les chieries de l'existence ?

Et puis le miracle est arrivé…

La brutale rédemption du félon à laquelle je croyais plus du tout.

Un soir, livide, se foutant de tout, prêt à mourir sans qu'on l'en prie, il est venu me voir pour me délivrer l'ultime message, l'inespéré :

– Ma mère est malade. Elle peut plus garder ta fille. Faut que tu la reprennes…

Comme si je lui avais laissé en nourrice ! Je le haïssais mais je devais lui reconnaître une certaine souplesse sémantique, la faconde féroce du faisan.

J'osais plus respirer, de peur qu'il change d'avis.

– Préviens personne, il avait ajouté. C'est pas la peine. On y va tout de suite.

2.

FAIRE DEMI-TOUR, fallait pas y songer. Je risquais l'enlisement. De chaque côté de la Jag, un mur de ténèbres m'interdisait les manœuvres. Me restait trois solutions : attendre que la pluie cesse, que le jour se lève ou sortir à pinces sous l'ondée pour me rendre compte.

Ça tambourinait dru sur la carrosserie. J'allumai une cigarette dont les bouffées âcres, conjuguées à l'énervement et à la fatigue, me rendirent nauséeux. Je branchai mes feux de détresse et allumai le plafonnier. Qu'un tracteur vienne pas, pour couronner cette pitoyable randonnée, me piétiner la calandre.

Je pouvais plus endiguer le flot des souvenirs qui continuaient à m'envahir le cigare. J'agissais connement, certes, mais même la connerie a parfois ses raisons. Je ne m'en trouvais guère. Aucune excuse sérieuse à faire valoir devant le tribunal de la niaiserie. Au grand procès des truffes, je me pointais en tête du peloton. Légèrement détaché des plus véloces andouilles.

Et j'augmentais mon avance…

Ce soir-là, j'avais suivi Miguel, le cœur ruisselant d'espoir. On l'appelait pas encore le Vieux à cette époque. Ça n'allait plus tarder. Il marchait devant moi, le dos rond, les épaules affaissées, la tête basse, comme s'il cherchait à disparaître, à se recroqueviller à l'intérieur de lui-même. Il venait de prendre dix ans en vingt-quatre heures. J'allais pas, loin s'en faut, compatir à sa douleur. Je restais au contraire sur mes gardes. Je le sentais capable, cet enviandé, d'une nouvelle arnaque. Encore plus ignoble. Dans ce domaine, et je le pratiquais depuis suffisamment longtemps pour ne plus l'ignorer, il disposait de ressources insoupçonnées. Je ruminais méchant. Cette fois, je me promettais, la crevure n'aurait plus beau jeu pour me faire avaler des couleuvres. S'il se dérobait, juré, j'allais le crever comme un vilain furoncle…

Son mutisme me laissait perplexe. Lui qui parlait tout le temps, ensuquait son auditoire d'une logorrhée de mots dont il détournait volontiers le sens premier, ne disait plus rien.

Du bout des lèvres, installé sur le siège passager, il m'avait lâché notre destination.

Enghien-les-Bains.

Durant le trajet, d'autres doutes étaient venus me tarauder. N'était-il pas en train, l'infect, de m'emmener en promenade ? Lui, finalement mon pire ennemi, j'avais un peu tendance à l'oublier... Il manquait sûrement de courage pour m'affronter en tête à tête, mais avec tout l'osier que je lui ventilais, il avait pu se payer les services d'un duo de pilons pour me sécher à la surprenante en bordure du lac. Qu'est-ce qui l'en empêchait ? J'échafaudais de fumeuses hypothèses. En me supprimant, bien sûr, il épuisait le filon, tuait le pigeon aux œufs d'or. Mais s'il me prenait la fantaisie d'imaginer que Patricia, dont j'étais toujours sans nouvelles, lui était revenue... Ou, mieux encore dans le registre sans limites des enculeries, ne l'avait jamais quitté ? S'il voulait la remettre au turf, il devait obligatoirement me faire disparaître en priorité du circuit. Sa réapparition sur le ruban, Miguel devait s'en douter, m'aurait fâcheusement insupporté.

D'évidence, il devait aussi compter avec mes amis, ceux-là mêmes qui me conjuraient d'appliquer sur mon tourmenteur les très détestables méthodes de la carlingue. Malgré ma réputation entamée, il m'en restait une poignée. Des fidèles qui n'auraient pas mis longtemps pour coller cette bouse vivante sur une chaise, des électrodes aux couilles et des éclats de bambous enflammés sous les ongles. M'imaginer aussi rapidement vengé ne parvenait pourtant pas à m'apaiser...

J'avais quoi pour me défendre en cas de traquenard ? Une matraque télescopique dans la boîte à gants, un couteau suisse multifonctions dans la poche de ma veste et... mes poings que la nature, par bonheur, ne m'avait pas fabriqués trop friables. Ça faisait tout de même un peu jeune pour affronter un trio d'affreux bien déterminés à me répandre. Pourquoi je les comptais trois, d'ailleurs, ces fantômes ?

Un pressentiment déjà ? Une intuition ?

J'essayais de tester mon passager, de lui demander de quoi souffrait sa mère, où elle habitait exactement, tout ça, mais Monsieur Miguel jouait les glissants. La tempe appuyée contre la vitre, il regardait d'un air morne défiler le paysage chatoyant des banlieues Nord.

Je me faisais du mouron pour peau de balle. Pas très loin du casino où d'éternelles rombières venaient distraire leurs économies, Miguel est enfin sorti de son inquiétante torpeur.

– Première à droite, il m'a indiqué sobrement. C'est la baraque avec les volets verts.

Avec les viocards aux trois quarts sourdingues qui créchaient dans le secteur, quelques coups de calibre pouvaient raisonnablement espérer passer inaperçus. À tout prendre, j'aurais préféré qu'elle perche au quinzième étage d'une HLM, sa daronne, avec des résonances sanitaires, des cloisons porteuses d'ondes et l'insomniaque irritable toujours prompt à porter le deuil... Manque de bol, j'ai dû me contenter d'une triste bicoque en dur plantée dans une rue bien trop peu éclairée.

Je dois reconnaître ici, pour être juste, que ma paranoïa s'émoussait au fur et à mesure que je pensais me rapprocher de ma Julie. Si le vieux Miguel ne m'avait pas encore une fois berluré, la petite était là, derrière le crépi sale de cette façade, derrière l'hideuse peinture écaillée des volets clos, m'épiant peut-être déjà au travers des interstices… Tout près, quoi. À pas dix mètres de l'endroit où je créneautais ma berline.

Le toubib m'avait prévenu. « Vous avez l'air solide mais vous avez le cœur paresseux. Faudrait faire du sport… »

Du sport… À part la pétanque apéritive à la belle saison, le billard où je me défendais gentiment et le poker chez Tonio le Gitan, j'en pratiquais pas des masses. Quant aux parties de passe anglaise que j'organisais un peu partout en France, elles me musclaient surtout l'ourlet inférieur des paupières. Les valoches du VRP, moi, j'me les coltinais sous les hublots. Et le dé à coudre d'eau minérale que je buvais chaque jour m'aidait pas à les diluer. Depuis quatre mois je pratiquais le régime infarctus… Alors mon cœur… Je le sentais cogner follement contre mes arceaux. J'allais tout de même pas calancher connement d'un coup d'émotion sur le trottoir de la délivrance ?

Et il faisait pourtant pas si froid que je me mettais, comme ça, brusquement à trembler…

Ces quatre mois de souffrances, de doutes, d'inquiétude, d'insomnies contrariées par des wagons de pharmacopée hypnotique, de dérive alcoolique, m'avaient filé des nerfs de gazelle. Un séjour en cure allait finir par s'imposer…

Heureusement, en voyant de plus près cette bâtisse lépreuse rongée par de glauques coulées de salpêtre, ce jardinet mal entretenu envahi par les herbes folles, cette paire de bouleaux rachitiques où ne poussaient plus que polypores et saprophytes, la colère est venue à nouveau me doper.

Il avait osé, ce porc, enfermer ma Julie dans cette cabane délabrée ? Pas chauffée, si ça se trouve… À la cave, voire… L'habillant juste pour prendre les polaroïds qu'il me distribuait régulièrement comme on injecte la dose d'insuline au diabétique. Pour que je tienne le coup encore quelques semaines, quelques mois…

Miguel poussa la porte et s'effaça pour me laisser entrer.

– Passe devant, j'avais grogné, la main serrée, au fond de ma poche, autour du manche de mon canif helvétique.

Miguel ne paraissait plus en état de se formaliser de ma méfiance.

Je redoutais, pour ma toute petite fille, une froidure humide, pénétrante, qui pouvait lui laisser à vie les éponges délicates, les bronches sensibles. Sur ce point, je me trompais encore. Il régnait dans ce pavillon de misère une chaleur de sauna.

– Ma mère a toujours été frileuse, m'expliqua Miguel comme s'il devinait mes craintes.

Manquerait plus que ça, qu'il soit médium ! Perçant mes intentions et me précédant en tout... J'avais pas fini d'en baver.

Dans le couloir, une ampoule opacifiée par une épaisse couche de poussière pendouillait au bout d'une douille nue. Les murs avaient gardé l'empreinte de petits meubles et autres tableaux. À défaut de l'intervention d'un cambrioleur, j'imaginais très bien l'infect Miguel dévaliser les trésors de sa mère pour les mettre au clou.

Des relents de pipi de chat apportaient la touche olfactive à ce spectacle de désolation.

Ma décision était prise. Irrévocable. J'allais dessouder le vieux Miguel rien que pour avoir fait vivre ma fille quatre mois dans cette ruine. Je tirais un trait sur le reste. Y avait confusion des peines.

L'ordure me précéda dans l'escalier, le genre rétif aux balluchonneurs, avec des marches affreusement grinçantes. À l'étage, malgré un décor sensiblement plus soigné, ça sentait l'hôpital, l'éther, les médicaments, le linge souillé... Un entêtant fumet de misère et de maladie. Depuis tout môme, comme pas mal de gens qui s'attachent davantage aux images qu'aux mots, je fantasmais sur la Grande Faucheuse, cette dame en noir qui me surgissait parfois dans les rêves. Souvent je la voyais troussée par le Diable, ricanant tous les deux en forniquant frénétiquement sur la tombe de mes parents. Qu'étaient pourtant toujours bien vivants. Avec le recul, tout ça me laissait songeur.

Je devais déjà, à l'époque, glisser sur le versant merdeux de l'existence puisque j'imaginais Satan avec un braquemart commak, long comme mon bras, et Dieu avec pas de bite du tout. Pour moi – et ça m'est curieusement resté au point d'être incapable de tenir plus de dix minutes dans ce genre d'établissements –, cette putain vêtue de noir, la mort, avec sa faux bien en pogne, avait ce parfum-là. L'odeur de l'hôpital.

En me découvrant la chambre de sa mère mourante, Miguel m'avait porté son premier coup bas de la soirée. Il aurait pu m'épargner ce détour, cette étape dans le parcours qui devait nous conduire jusqu'à Julie. Et dans quel but me l'imposait-il ? Sous son masque d'indifférence désespérée, je le soupçonnais à nouveau d'intriguer, de brouiller les cartes pour me nuire. Et pas question, évidemment, sous le regard implorant de la vieille chose étalée au milieu d'un plumard gigantesque, chêne massif dont les vastitudes étaient conçues pour des corpulences, de faire machine arrière, d'empoigner l'intrigant pour lui souffler dans les narines.

Un pressentiment funeste m'oppressait, pas seulement dû à l'état terminal de la mère du sournois. Une angoisse maligne que je m'efforçais de dissoudre en regardant autour de moi, comme un monte-en-l'air à l'estime de son tout proche butin. Contrastant avec le reste de la taule, cette chambre respirait la propreté, les soins quotidiens, et l'ameublement, rustique mais beau, y paraissait ici complet. Assez gai, somme toute. Miguel devait avoir le goût des extrêmes puisqu'une demi-morte y séjournait. Je me souvenais qu'il me l'avait simplement annoncée souffrante. L'art de la litote n'avait plus de secrets pour ce cloporte. Souffrante… Presque complètement cannée, oui ! Nous voyait-elle seulement à travers ses petits lotos noyés d'humeur ?

Je pensais exprès vulgaire pour pas laisser l'émotion m'investir. Incroyable ce que la bidoche peut tourner vite. Le dernier souffle pas encore tout à fait rendu que la peau se grisaille, se couvre d'auréoles douteuses, d'ombres suspectes, floraison d'un précoce pourrissement interne. Les yeux s'enfoncent, le visage se fige, tout devient laid brusquement. Le cœur balbutie, mais ce n'est déjà plus qu'à l'intérieur d'une charogne qu'il s'efforce.

Et l'autre salope de Miguel qui s'est précipité au chevet de la momie, à genoux presque, lui griffant une paluche pour la coller contre sa joue.

– M'man, c'est moi. J'suis venu avec mon meilleur ami.

Son meilleur ami… Franchement, fallait l'entendre pour le croire ! Rien qu'à l'évocation de cette seconde de pure stupeur, j'ai encore aujourd'hui le cœur qui saute une maille.

Je devinais le regard de la vieille qui me cherchait. Mais le plan de Miguel, s'il l'avait toutefois conçu si machiavélique, ce qu'il s'était toujours refusé d'admettre, tourna court. On se pointait à la bourre au rendez-vous des adieux. La petite chose grise paumée dans son grand lit ne voyait plus, entendait à peine et n'avait plus la force de parler. De ses lèvres exsangues parvenaient plus à sortir les paroles qu'elle voulait prononcer. Ou que Miguel lui avait soufflé de dire.

« Mon fils n'a plus que vous au monde. Prenez soin de lui. Je vous le confie. »

Par exemple…

Miguel m'avait flairé sensible, vulnérable côté mélo. De sa tronche tordue pouvait avoir germé l'idée que je lui accorderais, devant ce malheur vécu en direct, l'absolution. Je l'imaginais assez bien utiliser la mort de sa mère pour m'inciter à la clémence, à l'élargissement de ses dettes. Manque de vase, la locataire était en train de déménager avant l'état des lieux. Doucement, sans convulsions ni plaintes pour déranger personne, comme si elle n'attendait plus que l'arrivée de son fils pour partir, la petite vioque lâcha discrètement la rampe.

Miguel se redressa, reposa la main de sa mère sur les draps propres et haussa les épaules.

– Hémorragie cérébrale, soupira-t-il. Le toubib s'était pas gouré. Il m'a dit qu'elle passerait pas la nuit. Même les champions de la réanimation pouvaient plus rien pour la faire durer.

– Et ça lui a pris comme ça ? j'avais demandé, connement.

Il m'a regardé en face, lui, le fuyant, et m'a lâché sa phrase empoisonnée :

– Elle était fatiguée depuis quelque temps. Mais fallait bien quelqu'un pour garder ta fille.

Il soulignait le possessif d'une coquette dose de mépris mêlée de rancœur. Voilà que ça allait être de ma faute ! Un vicieux de cet acabit, il devait en pousser un par génération, à l'échelon planétaire. Et le destin me l'avait ventilé sur les bretelles. Le maître étalon du chancre merdeux. Le spécimen. L'unique.

Fallait d'ailleurs que l'exemplaire tombe sur moi pour espérer survivre. Avec sa mentalité de rétrovirus…

Mais je pouvais quand même pas le désosser devant le cadavre de sa mère ! Je ne cessais décidément pas de lui accorder du sursis. Je m'interrogeais en vain sur cette nouvelle manie qui me prenait d'épargner les indélicats, moi qui, tout au long de ma carrière, avais toujours sévi avec célérité et pour des motifs infiniment moins graves.

À défaut d'analyse, j'attribuais cette singularité à la chance insolente du vieux Miguel. Il venait toutefois, en perdant sa mère, d'en manquer. C'était peut-être le début d'une longue série.

Nous sommes enfin sortis de la chambre. Je pouvais m'estimer raisonnablement satisfait qu'il me demande pas, par-dessus le marché, de la veiller avec lui…

Je devenais extrêmement tendu.

– Où est-elle ?

Il s'est retourné, sourcils froncés.

– Qui ça ?

J'ai explosé, l'ai empoigné furieusement par le col.

– Ma fille, espèce de sac à merde ! Je hurlais en le secouant. Tu l'as enfermée où ?

Il se laissait faire. J'aurais pu le tabasser indéfiniment, le buter à coups de gifles sans qu'il esquisse le moindre geste de défense, la plus petite velléité de résistance. L'ébouser à la chiquenaude. Face d'œdème…

– Arrête de crier comme ça, il s'est juste contenté de me répondre. T'as donc ni cœur ni religion ? Ma mère n'est pas morte depuis plus d'une minute que tu me frappes déjà ? Que si ça se trouve, elle nous entend encore…

Ça y est ! Ça manquait à sa panoplie. Il me la jouait mystique maintenant. La malédiction de sa vieille dont l'œil noyé de pus allait me poursuivre jusque dans la tombe. Que ça me porterait très certainement la cerise jusqu'à la dixième génération d'avoir osé maltraiter son lardon sous le toit maternel. Si près de son corps encore tiède…

Qu'on m'accuserait presque de l'avoir aidée à mourir… Complice d'infamie légatrice… Aux assises, je me retrouvais instigateur d'une sombre arnaque à la succession, soupçonné d'avoir poussé un être faible, influençable (Miguel les jouait si bien), à hériter prématurément d'un pécule tristement amassé et d'une baraque dans une ville d'eau où le mètre carré se bradait pas encore au prix du kilo de poireaux. Je le visualisais parfaitement, l'emprosé de frais, recroquevillé dans son box, chiquant le remords, suppliant avec ses yeux de chien battu pour qu'on le condamne plus fort, plus loin, plus longtemps. Qu'on rétablisse la peine de mort rien que pour lui. Puisqu'il la réclamait. Il plaidait coupable, et comment ! Coupable, n'est-ce pas susceptible d'être coupé ? Tranché ? Décollé ? Coupable, oui, entièrement, d'avoir été entraîné dans cette sordide machination, d'avoir écouté le chant des sirènes.

Sirènes dont j'étais naturellement chargé de remplir le rôle à moi tout seul. Moi, le voyou notoire au casier déjà si lourdement graffité. Moi, le « sans-emploi-stable » qui roulais en Cadillac, Jag ou Bentley et possédais trois appartements dans les secteurs les plus ruineux de la capitale. Le méchant de la farce. N'avais-je pas été jusqu'à l'obliger à planquer, chez sa défunte et pauvre mère, une fillette que j'avais brutalement soustraite aux soins de sa mère légitime, une ancienne prostituée qui cherchait désespérément à échapper au joug de son proxénète ? Une môme que je prétendais mienne mais que j'avais oubliée, rétif aux lois jusqu'à fuir les mairies, d'officiellement reconnaître ? Hein ? Ça se plaidait comment cette drôlerie ?

La seule évocation de cet avenir fienteux me poussa à relâcher Miguel. Je l'avais regardé, épouvanté, conscient pendant une fraction de seconde de tout ce que cette épave malfaisante, ce demi-clodo, représentait pour moi. L'incarnation de la scoumoune, mon négatif poissard. Je ne pouvais ni le tuer ni m'en défaire. Un frère siamois que je détestais mais dont j'étais désormais et pour toute la vie entièrement tributaire. M'en séparer me condamnait à mort.

L'atrocité du scénario me laissait sans voix.

– Qu'est-ce que t'as ? s'était inquiété Miguel. T'es tout pâle.

J'avais secoué la tête, anéanti par mes seules rêveries judiciaires.

– Rien, rien…

Miguel m'avait observé, étonné, avant de soupirer :

– Franchement, j'aurais préféré que la gosse te retrouve avec une meilleure mine. On croirait presque que tu carbures à la neige. T'as l'air d'un crevard…

Mais je l'étranglerai quand, ce furoncle ?

3.

UNE BRUINE LÉGÈRE venait de succéder à l'averse sans que je m'en rende réellement compte. Je devais même m'être légèrement assoupi...

Je m'étirai longuement et remis le moteur en marche. Un peu en contrebas, j'apercevais à la faveur d'un quart de lune qui crevait la masse nuageuse le village où le vieux Miguel m'avait demandé de le rejoindre.

– Tu peux pas le louper. Y a deux églises. Une bizarrerie de la religion que je t'expliquerai...

Les deux clochers étaient bien là comme il l'avait dit. Cette béance providentielle dans un ciel uniformément orageux n'augurait pas forcément d'un avenir radieux. J'avais sensiblement dévié sur la gauche, vers les moutonnements vosgiens, préférant étrangement à chaque fourche l'ascension plutôt que le plongeon vers la vallée.

Le croissant de lune m'éclairait maintenant le paysage, monochrome, sapinesque jusqu'à l'hystérie, tacheté des toits d'onduline des scieries désaffectées. Ça faisait combien de temps qu'il vivait dans ce désert conifère, le vieux Miguel ? Cinq ans ? Oui, cinq ans puisque Julie en avait huit aujourd'hui... Ça devait drôlement le changer des néons de Pigalle et des brochettes du Sébasto, ses deux anciens terrains de chasse. À qui il pouvait nuire ici ? À part une poi-gnéede renards, quelques loups solitaires, des bûcherons fous brûlés par le schnaps ou la mirabelle... D'après lui, pourtant, il y avait une véritable fortune à cueillir. D'urgence. L'affaire ne supportait pas le délai. Il n'avait quand même pas découvert une mine d'or ? Impossible d'en apprendre davantage. Monsieur Miguel jouait à nouveau les mystérieux.

– J'peux pas t'expliquer au téléphone. Amène-toi. C'est à une giclée de voiture et tu le regretteras pas.

Une giclée de voiture... Il avait de ces raccourcis... Quatre cent cinquante bornes sous le déluge, avec une limousine totalement rétive au rural. Je regrettais déjà. Pourquoi avais-je si sottement rappliqué à son premier coup de sifflet ? Le manque d'argent ? L'appât du gain ?

Évidemment, les affaires bafouillaient un peu depuis quelques mois. Le krach boursier avait sévèrement ponctionné mes éconocroques, mais j'avais toujours ma table dans les meilleures taules. Quelques liquidités pour survivre gentiment. Des bricoles en participation dans les affaires de mes amis, deux pas-de-porte et une voiture anglaise. Pas de quoi pavoiser, certes, mais j'en connaissais de moins armés pour affronter l'hiver.

La feuille de température affichait une baisse régulière, lente mais inexorable, preuve mathématique du naufrage de mes revenus. Fiscalement redressé, soigné aux petits oignons par un inspecteur incorruptible spécialisé dans le commerce nocturne, j'avais dû me résoudre à vendre à la hâte mes appartements et redevenir locataire. La courbe pouvait ainsi s'infléchir encore quelques années avant d'atteindre le niveau zéro, le néant financier, le raidissement total. D'ici là, je n'avais pas perdu mon bel optimisme, l'occasion se présenterait sûrement de remonter mes billes. Et je ne comptais évidemment pas sur le vieux Miguel pour ça…

Alors ? La curiosité ? Le ton de sa voix qui évoluait brusquement dans les octaves hystériques dès qu'il évoquait l'ampleur du pactole à griffer ? Je ne cessais plus de m'interroger sur le manque de sélectivité de la mémoire, en général, et sur l'incohérence de mon comportement, en particulier. Je m'étais pourtant juré de l'oublier, ce crapaud, de gommer son passage dans mon existence, cinq ans plus tôt.

Jamais j'avais été aussi près de l'assassiner qu'à ce moment-là, sur le seuil de la chambre mortuaire de sa daronne, alors qu'il s'efforçait encore de différer mes retrouvailles avec Julie. Sur le trajet de l'énervement, j'avais passé le point de non-retour.

– Alors ? T'accouches ? Tu me dis où elle est, ou…

Inutile de préciser le sort que je lui réservais s'il se dérobait une nouvelle fois. Il le connaissait. Il avait pris l'habitude, depuis le temps, de vivre aux côtés d'un mec qui n'attendait qu'une occasion pour le fumer. Mon expression dut tout de même l'impressionner car il s'était légèrement reculé.

– Chez une voisine, il s'empressa. Tu voulais pas que je laisse toute seule une gamine de trois piges ? Y a des jours, j'te jure, on se demande ce que t'as dans le cigare.

Je frémissais. J'entrais doucement en ébullition.

– Et elle crèche où, ta voisine ? j'avais soupiré, desserrant à peine les dents.

– À Domont…

– À Domont ! j'avais aussi sec explosé. Mais c'est à vingt bornes d'ici ! T'as le voisinage un peu large !

– Tu me reproches d'avoir voulu voir ma mère une dernière fois avant qu'elle meure ?

Je devais me faire une raison. Dans mes dialogues avec cet embrouilleur, je bénéficiais rarement de la dernière réplique. Le rideau, presque chaque fois, tombait sur des applaudissements qui ne s'adressaient qu'à lui. Je n'avais que les ricaneurs de mon côté.

Le parcours Enghien-Domont, je ne pense pas que quelqu'un l'ait un jour tracé plus vite que moi cette nuit-là. La nationale à quatre voies, une presque autoroute, autorisait les excès. La semelle vissée au plancher, j'en négociais les courbes au millimètre, frôlant parfois les glissières. Le vieux Miguel se ratatinait, cramponné à sa ceinture. Les flâneurs que je doublais en catastrophe me paraissaient quasiment arrêtés. D'ordinaire, je pilotais plutôt feutré, souple, à vingt ou trente kilomètres/heure au-dessus des frileuses limites hexagonales, mais ce soir… Éperonné par mon impatience et le plaisir de voir mon tourmenteur se dissoudre, je chahutais méchamment le gouvernail.

– T'as envie que la gosse vienne nous retrouver au cimetière, ma parole !

Fallait que ce cafard lâche sa fiente… L'extraordinaire faculté de toujours trouver l'exacte parole blessante. Le don maudit. J'avais beau m'exhorter à plus rien entendre, mon pied se fit plus léger sur l'accélérateur. L'aiguille du compteur quitta les allures vertigineuses pour venir se stabiliser dans une zone moins éprouvante.

Je n'eus cependant pas le temps de me gourmander pour cette nouvelle preuve de faiblesse. Les projecteurs de la berline éclaboussèrent le panneau d'entrée de Domont, autre site géographique que je pensais, dans mon univers intra-muros, strictement réservé à l'observation cartographique. À la limite, je pouvais remercier Miguel de me faire découvrir la France… Je pensais quand même pas qu'il finirait par me conduire jusqu'aux ballons vosgiens, à l'orée des rides jurassiennes que, déjà tout môme, j'avais délibérément rayés de mes parcours touristiques.

– Je t'écoute…

– Attends que j'me souvienne… il hésitait. C'est mon ancienne nourrice, alors tu penses, ça fait des lustres.

J'avais écrasé la pédale de frein, pilé net. Mon bon Miguel s'était éclaté le nez sur l'arête du tableau de bord. Les intérieurs bois, ça fait cossu, certes, mais ça résiste à l'os. Son radar d'aquilin, il était bon pour le marbre. Je venais, presque sans vraiment le vouloir, de doter mon bourreau d'un très vilain blair qui allait, je le souhaitais fort, sensiblement réduire son succès auprès des dames. Déjà ça de gagné… Je me promis tout de même d'aller rendre, dès le lendemain, une petite visite à mon concessionnaire pour lui souffler dans les naseaux mon point de vue sur l'efficacité toute relative de ses ceintures de sécurité. En attendant, je dois admettre, j'étais pas mécontent de le voir abondamment raisiner du pif, l'emprosé. Avant qu'il se mette à geindre trop fort, je l'ai croché par la crinière et plaqué contre le siège. La pointe de mon surin suisse est venue toute seule se glisser sous sa pomme d'Adam.

– T'as intérêt à retrouver la mémoire ! j'avais grogné. Et vite !

– Tu m'as cassé le nez !

– Tant que c'est que le nez…

La boîte de Kleenex est arrivée tout aussi magiquement sur ses genoux. Faudrait pas, en plus et malgré tout, qu'il auréole mes cuirs.

– Au centre-ville, il a reniflé. Faut passer devant le commissariat…

Je commençais à me demander s'il le faisait pas un peu exprès…

On y est arrivé, finalement. Avant que l'hémorragie nasale du vieux Miguel soit complètement tarie. On passait cette fois du pavillon de misère à la résidence coquette, toute de marbre et miroirs dans l'entrée. Pour Julie, je préférais. Les raisons sociales en dorures rectangulaires prouvaient qu'on logeait essentiellement ici le libéral confortable. Toubibs, débarbots et consorts. Un coup d'œil sur ma tocante m'avait arraché une grimace. Vingt-deux heures. On se pointait aux limites de la décence chrétienne. Je trouvais quand même curieux que Miguel, habitué à naviguer dans des eaux plus troubles, connaisse des gens dans ce monde-là. Une femme de médecin, peut-être, désœuvrée, qui gardait des mouflets pour s'occuper ? Qui que ce soit, de toute façon, elle l'avait éduqué d'une drôle de manière. Pour être à ce point pourri…

Miguel, la tête rejetée en arrière, se tamponnant toujours le pif, marcha droit sur la porte vitrée de la gardienne et déclencha, d'une pression vigoureuse de l'index, une sonnerie aigrelette.

– T'es obligé de réveiller la bignole ? j'avais groumé.

Je ne tenais pas particulièrement à ce que tout l'immeuble soit convié à nos retrouvailles. J'aurais eu un étron collé sur le front que Miguel ne m'aurait pas regardé avec plus de mépris et d'écœurement. Cet air supérieur qu'il affectait de prendre lorsqu'une remarque lui déplaisait me donnait de folles envies de le claquer. Dès que Julie serait à l'abri, chez moi, je n'allais d'ailleurs plus m'en priver. J'avais de sérieux arriérés de châtaignes à verser.

– Forcément, il m'a répondu. Puisque c'est elle qui garde ta fille…

J'aurais dû m'en douter. Miguel, dans ce genre de volière huppée, il pouvait raisonnablement connaître que la concierge. Et des pipelettes, pour avoir beaucoup déménagé, j'en avais connu des brouettes. Je les trouvais pas toutes sympathiques, loin s'en faut. L'une d'entre elles m'avait même envoyé les poulets, sous prétexte que je rentrais à l'heure où les honnêtes gens se lèvent pour décarrer au turbin, et souvent accompagné d'un genre de créature que sa morale de bigote aigrie réprouvait. Je scandalisais tout le quartier prétendait cette sorcière. Les perdreaux étaient venus me rendre visite, gênés, avec une pétition que cette salope avait fait signer aux autres copropriétaires, surtout soucieux de pas se mettre en froid avec cette chiatique insensée. L'incident, sans grande conséquence fâcheuse, m'avait malgré tout rendu méfiant vis-à-vis de la corporation des bignoles, dont je souhaitais désormais vivement la totale et définitive disparition. Partout où sévissait ce genre de harpie, j'évitais maintenant d'habiter.

Celle-ci, qu'apparemment on dérangeait avant la fin du film, souleva son rideau de cretonne et nous dévisagea avec l'air de quelqu'un qui hésite entre pousser un coup de gueule ou appeler directement les flics. La bouffissure couperosée dut reconnaître Miguel, car elle laissa retomber son voile et consentit à entrouvrir sa lourde.

– J't'ai déjà dit de pas venir après sept heures ! souffla la grosse, inquiète.

Miguel haussa les épaules.

– On m'a obligé, répliqua-t-il en me jetant un regard torve.

C'est pas vrai… J'hallucinais. Ce que je croyais comprendre dépassait l'entendement. Le vieux Miguel escaladerait ce tas de suif ? L'expérience pouvait pas ici me trahir. Entre le regard de la nourrice à son filleul et celui de la ravelure à son gigolpince, y a tout de même un abîme ! Je pouvais pas à ce point me tromper. L'angoisse que je lisais dans l'œil injecté de la bignole se rangeait, typique, dans la catégorie adultérine, au rayon des légitimes surprises par le retour inopiné du mari. Dans ce cas précis, évidemment, c'était l'amant qu'on n'attendait plus…

Mais au Valium en intraveineuse fallait le traiter, cézigue l'excité ! Et d'urgence… Sans doute devait-il même, l'infect, inviter de temps en temps une relation à la régalade, en doublard pour les pauses. La pipelette posait en effet sur moi l'œil de l'éleveur sur l'étalon susceptible de culbuter sa poulinière. Je la devinais déçue de ne pouvoir décemment tester mes capacités sur-le-champ.

Mais ce besoin de lever tout ce qui ressemble de près ou de loin à une femme, ça porte un nom comme maladie, non ? S'enfiler Patricia et cette gravosse dans la foulée, quasiment sans voir de différence, ça devait relever, j'en démords pas, de la maison sinoque et compagnie.

Bon... J'allais pas maintenant lui découvrir des excuses pathologiques. Au besoin, j'envisageais pour plus tard, s'il en souffrait vraiment, de trancher l'objet de ses tourments. Pauvre homme...

Un petit clébard fébrile se glissa par l'entrebâillement et vint nous aboyer contre. L'échantillon vindicatif, genre bâtard de corniaud, que j'aurais volontiers fait taire d'un coup de pompe dans les gencives si je n'avais eu, pour quelques minutes encore, besoin de l'aménité de la bignole. En attendant, les jappements du cador se répercutant méchamment dans la cage d'escalier, la grosse daigna nous laisser pénétrer dans son gourbi.

Question environnement, j'avais déjà vu pire. À Fresnes ou à Clairvaux, par exemple. Ma petite Julie, que j'élevais exclusivement luxe et satin, devait avoir sérieusement révisé son point de vue sur le monde.

– C'est le père de Julie, expliqua Miguel. Il vient la rechercher.

Elle parut pas entendre.

– Tu saignes du nez ? s'inquiéta-t-elle.

– J'me suis cogné, éluda Miguel sans mentir.

Pour une fois qu'il disait la vérité, personne semblait le croire. La gravosse me jeta un regard soupçonneux. Elle commençait, finaude, à comprendre que ce n'était ni l'amitié, loin s'en faut, ni le goût des partouzes qui m'unissait à son protégé. Moi qui m'étais jusqu'ici douloureusement abstenu d'avoiner cette larve néfaste, j'allais maintenant être accusé de lui avoir cassé le nez. Avec Miguel, je devais m'habituer au régime promoteur sur plan ou self-service : casquer avant d'avoir clapé ou profité des murs.

J'allais bien finir par prendre vingt ans avant de l'avoir tué…

– Et ta maman ? insista miss Gras-Double.

Miguel, décidément sublime dans le navet dramatique, baissa pudiquement les yeux. Il ne jouait juste que dans l'énorme. La gravosse, compatissante, vint se l'enfouir entre les mamelles, lui caresser tendrement la crinière, lui susurrer des banalités consolantes… Du Grand-Guignol.

– Mon pauv' petit, qu'est-ce que tu vas faire maintenant ? Mon pauv' petit…, elle cessait plus de répéter.

À mon avis, mais je n'étais pas ici obligé de l'exprimer à voix haute, il n'allait rien changer à ses détestables habitudes, l'enfionné de frais. Au contraire. Soulever la marmite d'autrui et kidnapper les alevins du hareng, ça tombait toujours bien pile dans ses cordes. Ah ! Le misérable ! De le voir se laisser bercer dans les bras de cette horripilante bignole me remontait le taux d'adrénaline. C'était quand même ma fille qu'on m'avait enlevée, non ? Ma fille et ma femme. Une paille. Un foyer ravagé. Et c'était tout naturellement le responsable de cette Bérézina familiale qu'on consolait devant moi…

Ivre de colère rentrée, j'avais, comme un leitmotiv sémantique d'attardé mental, toujours la même phrase en bouche :

– Où est Julie ?

J'interrompais, rustre sans cœur, les effusions. En coupant court aux condoléances d'usage, je prouvais, de façon irrémédiable, mes très mauvaises manières. Le tas de suif abandonna son mignon, se retourna vers moi et me fusilla d'un œil veiné de mauvais vin.

– Julie ? Qu'est-ce que vous croyez ? Elle postillonnait, féroce. Que je lui ai donné la permission de minuit ? Chez moi, à trois ans et à dix heures du soir, on dort ! Et depuis un bon moment…

Je savais désormais qui avait inoculé à Miguel tout ce fiel, cette perfidie qu'il distillait dans chacune de ses phrases. La petite chose grise et morte abandonnée dans son grand lit n'avait probablement rien pu contre l'emprise sexuelle et mentale que la grosse exerçait sur son rejeton. Je retrouvais les mêmes intonations, une semblable assurance dans la mauvaise foi et la réplique fienteuse. La famille des volubiles corrosifs, les ténors du baratin acerbe. L'horreur…

Seul contre ce duo de venimeux, j'me voyais pas beau. J'avais intérêt à abréger la polémique.

J'avais précipitamment rompu :

– Excusez-moi, madame, je sais qu'il est tard, mais un départ imprévu m'oblige malheureusement à hâter les préparatifs.

Visiblement, la pipelette se demandait ce qu'un homme comme moi, capable de prononcer une aussi longue phrase sans lâcher une seule grossièreté, pouvait bien maquiller en compagnie de son parasite de filleul. Miguel n'avait vraisemblablement pas dû l'affranchir des conditions très particulières de sa garde d'enfant... Sur l'oreiller, il partageait quand même pas tout.

La grosse cessa enfin de s'interroger et se décida brusquement. Elle remonta un petit couloir et poussa la porte du fond.

– Julie ! tonna la baleine. Réveille-toi, y a ton père qui vient te chercher !

Elle devait dormir que d'une oreille, la mouflette, car je l'ai entendue aussitôt glapir d'allégresse. La délivrance, pour elle comme pour moi.

Je me suis pointé, flanqué du vieux Miguel, sur le seuil de sa chambre. Enfin je touchais au but ! Plus rien ne pouvait surgir pour différer une nouvelle fois notre levée d'écrou.

Julie était là, resplendissante de bonheur dans une adorable chemise de nuit rose. Elle bondit du lit et se précipita vers nous en battant des mains.

– Papa ! Mon papa ! elle chantonnait, radieuse.

J'eus droit à une seconde de pur enchantement. Une seule seconde. Jusqu'à ce que Julie se jette dans les bras de Miguel, ponctuant ses « papa » enthousiastes de gros bisous sonores…

4.

TOUT MON UNIVERS s'était disloqué. Le sol se dérobait sous mes pieds. Je m'étiolais, je m'émiettais. Mon cerveau rétrécissait, se concentrait en une bille métallique qui rebondissait follement contre les parois de mon crâne.

Quatre mois…

Il ne lui avait fallu que quatre mois pour séduire aussi ma fille et s'en approprier la paternité ! Je continuais à cauchemarder en plein. Je devais être victime d'une farce. Ils s'étaient entendus tous les deux pour me filer le coup de pied de l'âne. Taquine, la morpionne avait coupé dans le plan du sournois, croyant sans doute me faire rire… Seulement, la plaisanterie s'éternisait et Julie jouait trop bien la comédie. Occupée tout entière à câliner son ravisseur, elle paraissait même pas se rendre compte de ma présence. Je troublais la fête, presque. Je gênais.

Miguel partageait visiblement pas ma détresse.

Finalement, on se noie toujours seul, même dans un naufrage collectif. Je le regardais rire et rendre joyeusement les baisers de Julie. Comme il avait dû la gâter pour qu'elle l'aime si vite autant…

Après avoir été le mari de ma femme, il était très logiquement devenu aussi le père de ma fille… Je devenais transparent, inexistant. Ma vie s'effaçait. Ce gars-là avait dévoré mon univers en quatre mois… Tout ce en quoi je croyais, tout ce pour quoi je vivais, il l'avait balayé d'un geste, facile, désinvolte, comme on se chiquenaude une scorie sur le futal. Quasiment sans le faire exprès.

Je ne trouvais pas de réaction digne de cette déconfiture. Je sentais bien que j'aurais au moins dû me dissoudre, m'anéantir en flaque, mais la viande ne réagit pas toujours au diapason du désarroi mental. Elle s'obstinait à rester compacte.

En retrait du sinistre vaudeville, la bignole, qui commençait à entraver la coupure, marmonnait d'obscurs ricanements dans ses plombages. Un scénariste avisé m'aurait, à cet instant précis, fait quitter la loge de la pipelette sans un mot, pour personne, remonter dans mon bolide pour aller sauvagement m'emplâtrer sur un quelconque monument funéraire…

Aux Domontois tombés pour la France…

Mais rien ne s'était déroulé conformément aux canons des classiques du mélo. J'avais paumé mon texte et le souffleur, dans sa niche, piquait un solide roupillon. Ces quelques minutes d'asphyxie étaient restées gravées dans ma mémoire comme une première grosse frayeur enfantine, une cicatrice indélébile, traumatisante, dont seules les causes finissaient à la longue par s'opacifier.

Avec le recul d'une poignée d'années, l'esprit de l'escalier, je ne voyais pourtant toujours pas comment j'aurais pu m'extraire autrement de cette stupéfiante mélasse. Autrement qu'en ne faisant rien…

J'avais tout imaginé. Tout. Sauf ça.

Le vieux Miguel avait lavé le cerveau de ma petite Julie. Le constat s'imposait. Je ne la récupérais pas entière. Et je manquais singulièrement de ressources pour en rassembler les morceaux.

Son regard se posant enfin sur moi avait mis un terme à mon supplice. À la limite, emporté par cette avalanche de contrecarres, je n'espérais même plus qu'elle me reconnaisse. Je dois avouer, malgré tout ce que je prétendais et finissais par croire, qu'à l'époque bénie où Miguel n'était pas encore apparu dans mon univers, je ne la voyais pas si souvent, ma petite Julie. Je m'étais depuis lurette rangé sous le flambeau des pères en vadrouille, des voyageurs mystérieux, des hommes d'affaires… Une seule fois la semaine, parfois, je surgissais, les bras chargés de cadeaux que je pensais connement susceptibles de combler mon absence. Mais les peluches, je l'apprenais à mes dépens, remplaçaient pas l'homme, la chaleur, la tendresse quotidienne. Aux enchères de la vie, je venais de me faire repasser…

À preuve, elle me reconnut, certes, mais s'étonna de me voir les mains vides, sans le moindre paquet enrubanné, sans le traditionnel cadeau d'excuse. À défaut d'être un vrai père, j'étais devenu dans sa tête naïve et sensible le Père Noël. Je n'y gagnais qu'en majuscules.

Miguel, lui, savait faire croire aux femmes, à toutes les femmes, qu'il n'aimait qu'elles, qu'il n'avait qu'elles au monde. Il s'offrait tout entier. C'était peut-être là son secret… Mes présents sporadiques, des poupées aux bijoux, paraissaient d'un coup bien dérisoires.

Elle m'embrassa tout de même, avec moins d'enthousiasme et de démonstration qu'elle n'en avait accordés à son kidnappeur. Elle devait s'imaginer, mignonne, qu'elle allait pouvoir bénéficier d'une paire de paternels, tous les jours, ensemble ou en relais, peu importe, et son chagrin fit peine à voir lorsque je lui ai expliqué que « Papa Miguel » partait pour un très long voyage, qu'elle ne le reverrait probablement pas avant longtemps.

Très longtemps…

De me retrouver la consolait pas. Quant à sa mère, félonne Patricia, elle n'en parla même pas. Ce bon vieux Miguel s'était installé dans sa tête, tout entier, après avoir viré les vieux meubles. Je pensais, j'espérais, qu'elle l'oublierait tout comme elle m'avait si vite rangé dans le grenier de sa mémoire. À cet âge-là, forcément, on a le souvenir frivole. Du moins, ça m'arrangeait de le croire…

J'eus droit aux adieux déchirants avant d'enfin pouvoir déposer ma Julie sur la banquette arrière de ma charrette. À travers la vitre fermée, elle envoyait encore des baisers à l'immonde. Je n'avais plus qu'une hâte, mettre un maximum de kilomètres entre ma petite fille et ce sorcier, ce gourou néfaste, ce braqueur d'âmes.

Sur le trottoir, je l'avais rejoint. Il avait paru soudain inquiet.

– Tu vas pas me buter devant la petite ? il avait bafouillé.

– Pas devant elle, non. Mais à partir de maintenant, t'es un mort en sursis. Je vais annoncer partout que je ne te couvre plus, que t'es désormais tout seul pour te défendre. Ça va être la ruée, mec. Je connais tout un tas de mauvais fers, des sanguinaires, qui vont se battre pour te sécher, pour t'empailler, pour t'ajourer façon luminaire, avec un gros néon dans le prose !

– J'me doutais que t'avais pas de mentalité, s'était permis de grogner l'enflure.

Je ne pouvais pas l'emplafonner sous les yeux de Julie, mais je m'étais approché tout près, visage contre visage, comme à l'amorce d'une accolade.

– Quant à moi, si je te recroise un jour, je te donnerai même pas le temps de me dire un mot ! T'auras le calibre en bouche, espèce d'enculé !

Je m'étais reculé d'un pas, le sourire mauvais, triomphant enfin.

– À ta place, Miguel, pour m'en sortir, je changerais de planète…

J'avais vu diminuer sa silhouette voûtée dans le rétro de ma guinde et cinq ans s'étaient passés depuis cette dernière image. Cinq ans… Pour résumer sur le sujet, je peux dire que j'avais à peine réussi à faire admettre à Julie de transformer son « Papa Miguel », atrocement révulsif, en un « Tonton Miguel » à peine moins douloureux. Elle l'oubliait d'autant moins que, malgré les barrières que je dressais entre eux, il parvenait toujours à lui ventiler une carte postale, quelques mots griffonnés d'une région qu'il quittait prudemment le lendemain. D'après la répartition géographique de son courrier, il voyageait beaucoup, le Miguel, dans les limites européennes, poussant une pointe au Portugal avant de se retrouver tout au nord de la Hollande. Ses ennemis s'étaient lassés.

Il ne lui en restait qu'un.

Moi.

Comme d'habitude, il avait merveilleusement inversé les rôles. C'était lui qui était censé fuir et moi qui déménageais pour faire cesser cette correspondance clandestine avec Julie. Ce complot épistolaire paraissait d'ailleurs la ravir. Je ne voyais pas qui d'autre qu'elle pouvait si vite renseigner Miguel sur nos nouvelles adresses. Une complicité assommante et insolente. Et si ce salopard se donnait la peine d'adresser ses lettres aux écoles que Julie fréquentait, c'était uniquement parce qu'il avait appris que je saisissais le courrier, que je filtrais les missives.

Ni les colères, ni le charme ou la douceur ne firent plier Julie. Elle gardait farouchement son secret, le moyen de contacter Miguel que j'en étais venu finalement à soupçonner plus sédentaire que son courrier de nomade ne le laissait supposer.

Au téléphone, une fois, il était directement tombé sur moi.

– C'est toi, beau branque ? Il s'était marré, pas désarçonné.

Pulvériser le téléphone à coups de latte n'aurait probablement servi qu'à le faire rire davantage. Il devait drôlement se sentir en sécurité pour oser me parler sur ce ton. Pour seulement se permettre de m'adresser la parole… À Julie, décidément, il accordait toute confiance.

– D'où t'appelles ? j'avais grogné.

– De Mars.

– Ça va te coûter une fortune. T'aurais dû appeler en P.C.V.

– T'inquiète pas pour mes factures. Tu sais que je trouve toujours une bonne âme pour me les casquer…

Effectivement, j'en savais quelque chose.

– Mais je t'appelle pas pour échanger des conneries

de salon, il avait repris aussitôt. Je suis inquiet pour la petite…

– Pour la petite ?

– Ses dernières notes sont pas fameuses, m'expliqua l'infâme. Elle est finaude, la môme, et ce bulletin correspond pas du tout à sa valeur. Qu'est-ce qui se passe ? Y a du mou. Tu surveilles plus ses devoirs à la maison ?

Je lâchai un long soupir. La petite lui envoyait donc aussi une photocopie de ses bulletins scolaires…

– De quoi tu t'mêles, connard ?

– Oh ! Si tu le prends comme ça… Je pensais que l'avenir de Julie t'intéressait. Dans le monde d'aujourd'hui, faut arriver armé pour pas être réduit à mengave. Les études mon vieux, c'est pas parce que toi t'avais pas le chou pour en faire que tu dois en dégoûter les autres. Mais si tu t'en fous, si tu préfères livrer ta gosse aux requins, alors là, j'peux plus rien. Évidemment, on peut pas monter des parties de passe, draguer les bars, ramener une nouvelle gonzesse toutes les semaines à la maison et s'occuper en même temps de la scolarité d'une petite fille. Tu sais que ça la perturbe toutes ces pouffiasses que tu lui présentes comme ses nouvelles mères ?

J'aurais dû le buter tant que j'en avais encore la possibilité. Je pouvais faire quoi maintenant ? Torturer ma Julie pour qu'elle me crache enfin l'adresse de l'immonde ? Parce qu'il s'était pas gêné pour la mettre au parfum de mes velléités revanchardes, ce fumier chaud ! Pas une semaine sans qu'elle me rappelle à l'ordre…

– Tonton Miguel m'a dit que tu voulais lui faire du mal, elle me serinait. C'est vrai ?

Je haussais les épaules.

– Pourquoi je lui ferais du mal ? je niais.

Oui, pourquoi ?

En attendant, sur ce coup, je n'avais rien trouvé de mieux que de raccrocher, sèchement, en espérant vaguement que le déclic lui crève les tympans. Je ne disposais pour endiguer ses manœuvres que de parades parfaitement infantiles. Il ne rappela jamais. Du moins jamais en ma présence, car je ne doutais pas qu'il trouve le moyen de communiquer directement avec ma fille, profitant des créneaux larges et fréquents de mes absences. Je dois aussi admettre, pour une complète véracité des faits, qu'en cinq ans je m'étais presque habitué à cette calamité, à ce culte ahurissant que Julie vouait à son kidnappeur. Mon indifférence, parfois feinte et d'autres fois réelle, allait bien finir par pousser le renard à sortir de son trou, à commettre quelque fatale imprudence… J'étais tranquille. Le vieux Miguel n'allait pas mourir dans son lit.

Et ce grand jour était enfin arrivé…

Pas exactement comme je l'avais imaginé, bien sûr. Rien avec ce chancre ne se passait comme prévu. Je rêvais de le fumer à la surprise et c'était lui qui me convoquait, qui me fixait rendez-vous au fin fond d'une cambrousse hostile. Poussant le vice au turlu jusqu'à m'avouer n'avoir jamais quitté depuis cinq ans cette région des Vosges. Des amis allemands, en vadrouille permanente aux quatre coins de l'Europe, s'étaient chargés de poster son courrier. Uniquement, d'après lui, pour m'éviter les tentations, les coups de sang inutiles...

Si Julie était au courant ? Quelle question...

J'ai déjà évoqué la curiosité pour justifier ma venue. Ce n'était pas vraiment un mensonge. J'étais réellement impatient de connaître la mystérieuse raison qui avait poussé Miguel à se découvrir, à prendre un tel risque. Il n'était tout de même pas con au point de croire que j'avais pu lui pardonner.

Alors j'allais lui laisser cinq minutes. Cinq minutes pour m'expliquer. Cinq petites minutes avant de sortir mon colt Cobra et de lui praliner le bocal.

Et ma Jaguar franchissait l'entrée du village aux deux églises pour toutes ces raisons. Je cessai à cet instant précis de remâcher tous ces souvenirs glaireux. Les causes étaient enregistrées. Place aux conséquences ! Funestes pour l'indélicat qui me léprosait l'existence depuis trop longtemps...

Craignant sans doute de me voir défourailler d'entrée de jeu, Miguel m'avait donné rencart dans un troquet que je m'étonnais de voir encore ouvert à cette heure avancée de la noye.

Ouvert à son seul usage, apparemment, puisqu'il

n'y avait pas d'autre client que lui. Derrière son comptoir, une blondasse couperosée dopait en torchonnant une alignée de godets. L'indispensable témoin. Que Miguel, s'il avait pas trop changé, devait joyeusement s'embourber.

Intérieurement, je ricanais méchant. Si Miguel n'avait trouvé que cette figurante pour me faire hésiter, il allait déchanter. Et drôlement. J'userais de deux balles au lieu d'une et la Jaguar d'un soir s'évanouirait avec ses plaques crépies de gadoue. Deux morts, séchés à la bastos, dans ce bled pourri, l'émotion ferait au moins jaser trois générations de pandores.

Le rade ressemblait à une petite cantine d'entreprise, avec un alignement rigoureux des tables, un lino triste, des néons d'aquarium, un baby-foot en ruine et une placardée de journaux du cru. On y vendait aussi du tabac, du papier gomme et des bulletins de Loto. Je me réjouissais de savoir Miguel condamné cinq ans à ce genre de décor neurasthénique.

J'espérais qu'il en avait bavé, qu'il m'avait maudit chaque jour, chaque heure de l'obliger à se planquer dans ce trou mortel.

On avait tiré les rideaux des devantures pour étonner personne. Cette discrétion m'arrangeait plutôt.

Miguel était attablé au fond du troquet, devant une bouteille de chiroubles qu'il venait d'entamer. Il n'avait pas changé des masses. Au-dessus de son éternelle salopette, sa tronche s'était anoblie de quelques gerbes de rides supplémentaires et ses plumets argentés commençaient à jaunir. À part ces menus détails, il était resté le même. Et ça m'arrangeait aussi. Ça m'aurait probablement troublé de flinguer un mec que je ne reconnaissais qu'à peine…

Son œil plus larmoyant que jamais se posa sur moi et il m'invita d'un geste à le rejoindre. Je frémissais d'impatience comme un dogue affamé dont on prépare la jaffe. Je le tenais enfin ! Tonton Miguel…

Souriant, l'énervement du voyage complètement balayé, masquant mal ma jubilation, je m'installai en face de lui. Il jeta un bref coup d'œil sur mes mains gantées.

– J'ai l'impression que t'es encore venu me faire des reproches…, marmonna-t-il avant de siffler une moitié de son ballon de beaujolais.

– Non.

– Alors tu vas faire une bêtise, conclut Miguel.

– Je viens réparer une injustice.

Il termina son godet et s'en resservit aussitôt un autre qu'il fit lentement tourner entre ses doigts.

– Tu me laisses combien de temps avant de sortir ton calibre ? demanda-t-il.

Je plissai les yeux. Il n'avait pas perdu son don de m'anticiper. J'étais, pour lui, toujours aussi prévisible.

– Cinq minutes. Une minute par centaine de kilomètres parcourus.

– Tu comptes pas le retour ?

– Non.

Le chiroubles risquait pas de s'évaporer.

– J'aurais dû te filer rencart en Australie. Tu sais que j'ai pu prendre des précautions ? Faire envoyer des lettres en cas de malheur ? M'arranger s'il m'arrivait un accident pour que ton nom rebondisse sur le burlingue d'un poulet…

– Tu viens de perdre une minute, j'ai simplement grondé.

Le visage du vieux Miguel s'épanouit. Sa décontraction m'irritait.

J'aurais, de loin, préféré le voir tendu, anxieux. Mais apparemment son avenir ne l'inquiétait guère. Je l'avais connu moins courageux. L'atout qu'il détenait encore forcément dans sa manche commençait à sérieusement m'intriguer. Adossée au percolateur, la pouffiasse décolorée nous observait à travers les volutes bleutées de sa toute-cousue. Fantasia chez les ploucs. Je ne faisais, ici, peur à personne.

– T'es toujours dans l'organisation de parties de passe anglaise ? reprit Miguel.

– Oui.

La nouvelle parut le rassurer. Il s'accouda à la table.

– Tu sais que j'ai vraiment essayé de me ranger des voitures ? Après avoir vendu la maison de la vieille, j'ai acheté une scierie en faillite, une menuiserie artisanale dont le taulier venait d'être aspiré par le mirage japonais. J'ai fait dans la fausse antiquité, dans le meuble rustique, des bricoles, mais tu sais ce que c'est… Dès que tu fais dans l'honnête, les vautours rappliquent. Des nuées de charognards. Le fisc, les assurances, l'URSAFF, les Assedics, tout un tas de pompeurs de pognon dont tu soupçonnes même pas l'existence…

Je jetai un coup d'œil impatient sur ma montre.

– Tu m'as quand même pas fait venir pour me bottiner ?

– Penses-tu ! J'ai balancé tous ces pièges à cons et j'me suis mis à la colle avec la grosse que tu vois derrière son bar. Situation tranquille. Évidemment, j'fais pas comme toi dans l'alcool de luxe, dans le tarif nocturne, mais j'ai la quantité. Ça compense.

Je pianotai nerveusement le rebord de la table. La trotteuse de ma toquante attaquait le dernier kilomètre. Une ultime plongée avant la remontée fatale. Dans une minute, très précisément, le vieux Miguel cesserait de respirer…

– Elle s'appelle Adrienne, précisa Miguel en désignant la blondasse d'un mouvement de menton.

– Qu'est-ce que tu veux que ça me foute ?

– Elle a un fils, et c'est pour lui que je t'ai fait venir…

La trotteuse venait de mordre dans les trente dernières secondes de la vie du vieux Miguel. Un double scotch m'aurait quand même fait le plus grand bien.

– T'as qui comme lanceurs en ce moment ? demanda Miguel, abruptement.

– J'aurais pas le temps de te les citer tous en vingt

secondes, j'ai murmuré en reculant légèrement ma chaise.

Les lèvres de Miguel frémirent à peine. Il jouait un drôle de coup de poker…

– Tes meilleurs lanceurs, c'est rien que des manchots à côté du p'tit gars que je voudrais te présenter. Si tu m'en laisses le temps, évidemment…

5.

DANS UNE PARTIE D'ÉCHECS, le coup que venait de jouer Miguel aurait été souligné par les experts d'une chiée de points d'interrogation. L'éloignement, peut-être, lui faisait maintenant commettre de vraies erreurs…

J'organisais, bien sûr, des parties de passe anglaise à travers tout le pays, mais je me contentais de prélever ma dîme sur chaque heure de jeu. Quant aux lanceurs que j'employais, ils étaient surtout présents pour faire nombre, pour animer et, essentiellement, pour accélérer le rythme afin d'empêcher les gogos de trop gamberger, de trop réfléchir à des probabilités défavorables qu'ils couvraient à égalité. Évidemment, ce n'était pas des épées, des magiciens du bob, mais la plupart étaient des gars réguliers, sans histoire. Je n'en demandais pas plus. Connaissant les pourcentages de la passe sur le bout des ongles, ils gagnaient assez souvent pour n'avoir aucune envie de changer de job.

Dans ces conditions, l'intérêt que je portais au phénomène promis par Miguel se révélait tout relatif, insuffisant en tout cas pour m'empêcher de le praliner sur-le-champ. J'étais à la fois satisfait et déçu. Satisfait de pouvoir enfin exécuter la sentence si souvent différée et déçu par l'incroyable banalité de l'argument de Miguel. Son séjour vosgien lui avait, sans aucun doute, ramolli le chignon. Il existait dans les rues de la capitale des tas de prétentieux qui prétendaient savoir les faire rouler mieux que personne. Certains avaient de la chance, mais la chance ne durait jamais. J'employais des mathématiciens, des acrobates du calcul mental, pas des prestidigitateurs. Sur la durée, les chiffres obtenaient toujours gain de cause.

Miguel venait d'abattre sa dernière carte.

Ma main se posa sur la crosse du colt. Une lueur d'affolement traversa le regard de cocker du vieux Miguel. Enfin. Notre histoire s'achevait ici, dans un troquet de bouseux, quelque part dans un bled inconnu du Michelin.

– Laisse-moi au moins te le présenter ! supplia-t-il. Ça te coûte rien…

Une idée machiavélique me germa en tronche. Juste retour des choses. Miguel en avait tant fait pousser à mes dépens. À mon tour de moissonner dans le sordide…

Je souriais. Et ma soudaine gaieté ne parut pas du tout rassurer Miguel.

– D'accord. Ton champion va jouer dix points

devant moi. Au premier point perdant, j'appuie sur la détente et tu t'effaces une dragée dans le ventre. Ça te va ?

Une perle de sueur scintilla sur la tempe du furoncle.

– Dix points gagnants…, bafouilla-t-il. Tu charries…

– Comme tu voudras, convins-je en dégainant mon colt.

– OK ! C'est OK ! s'empressa-t-il. Le petit va les jouer !

Je n'étais pas mécontent de cette variante de la roulette russe. Quelle sorte de chance pouvait bien avoir son crack péquenot d'abattre dix points gagnants d'affilée ? À mon sens, aucune. Et j'avais pourtant connu quelques lanceurs de première. D'après moi, et je prétendais en connaître un rayon, le vieux Miguel avait environ une chance sur cent de survivre à ce pari stupide. Je pouvais lui accorder ça…

– On y va quand tu veux, j'avais ricané.

Miguel s'était levé. Le canon de mon Cobra suivait chacun de ses gestes. Curieusement, malgré tout le mal qu'il m'avait fait, ce fumier n'avait jamais fait preuve de violence. Je l'imaginais mal tenter un baroud d'honneur, mais il pouvait encore inaugurer…

La bouteille de chiroubles était vide. J'avais de plus en plus envie d'un remontant.

– Et s'il tire sept points gagnants sur dix ? plaida Miguel, faiblement.

– Tu seras mort avant qu'il termine sa série. Il perche où, ton champion ?

Miguel leva les yeux vers le plafond du troquet.

– Au-dessus. Ça fait dix ans qu'il reste enfermé dans sa chambre. Il vient d'avoir dix-neuf ans et à huit ans il a tué un autre môme. Sans le faire exprès.

Je me mordillais doucement la lèvre inférieure. Je devais donc m'attendre à d'autres surprises dans cette embrouille ? Concoctées par Miguel, elles pouvaient n'être que mauvaises. Pas décidé à me faire une nouvelle fois repasser, l'envie me tenaillait soudain de le flinguer sans aller plus loin. Je voyais palpiter comme une mire entre les omoplates de Miguel qui marchait devant moi en continuant à jacter…

– Le juge voulait le placer dans un centre, mais sa mère a obtenu de le garder en promettant de jamais le laisser sans surveillance. Remarque, y a pas de mouron à se faire. D'ordinaire, il est doux comme un agneau. Mais c'est quand il a ses douleurs dans la tête qu'il pique des crises. Et alors là, attention les vélos, y a intérêt à planquer les meubles !

Je comprenais plus rien.

– Mais de quoi tu me parles ?

Au pied de l'escalier, Miguel s'était retourné. Son regard de misère avait lentement glissé de mon visage au canon du colt que je braquais obstinément sur lui.

– Ça t'ennuierait de ranger ce calibre ?

– Oui.

– T'es vraiment pas le mec sociable. Je t'invite et tu me menaces. Tu m'étonnes que tes gonzesses se font la paire…

Mon pouce releva lentement le chien du revolver. Derrière son comptoir, la blondasse lâcha une perlouze indignée.

– Le mieux serait que tu te rendes compte toi-même, céda précipitamment Miguel en gravissant les premières marches.

– C'est ça, j'vais me rendre compte, je grognai en détournant légèrement mon colt vers la taulière. Et Madame nous accompagne.

Elle n'avait, jusqu'ici, pas prononcé le moindre mot. Je la devinais pourtant, sous l'épaisseur de son fard, facile pétardière, dotée de la féroce vindicte des limonadières, toute vinaigrée de mauvais pinard, recroquevillée sur ses petits intérêts provinciaux. Le dessin de sa bouche formait déjà naturellement comme un début d'injure. J'aimais pas beaucoup le genre. La tuer n'allait pas me réclamer un effort démesuré…

Miguel avait dû cependant lui recommander de ne l'ouvrir sous aucun prétexte et elle se contenta de me balancer un regard chargé de haine en passant devant moi. D'ordinaire et *a priori*, les sauterelles m'avaient plutôt à la bonne. Mais il leur suffisait de rencontrer le vieux Miguel pour se mettre aussitôt à me détester… Le mécanisme du phénomène m'échappait, mais je ne cessais plus d'en constater les curieux et détestables effets.

À l'étage, un couloir tapissé de briques en trompe-l'œil distribuait trois chambres. L'endroit avait dû, ou devait encore à l'occase, servir de claque. La luxure tarifée, j'en reniflais les effluves. J'imaginais, scénario facile, la petite serveuse de jour, maquillée en simili-fraîcheur, montant quelques clients entre deux boudins-purée, gâterie buccale en guise de dessert… Et le soir, faisant illusion sous le tamis des spots, la grosse blonde devait jouer les prolongations. Ancienne reine des myrtilles, si ça se trouve… Dauphine des jonquilles… Virevoltante princesse sous ses boursouflures que l'ivresse du micheton finissait par presque totalement gommer. Traîtrise des éclairages électriques, dont les faisceaux évitaient toujours habilement d'éclabousser trop directement l'objet des désirs… Mise en scène classique, longuement rodée autour de la fontaine Pigalle où j'avais fait mes classes.

Les condés, traditionnels non-payants, fermaient les yeux sur ce manège de misère. Et je ne doutais évidemment pas un instant que Miguel ne prélève son impôt sur tout ça… Sans doute en avait-il même perfectionné les rouages… Le camé coquin en relief cloué sur la porte du fond indiquait vraisemblablement l'endroit de ces agapes vosgiennes.

Je lâchai un sourire. Il avait tout de même souffert un peu, l'infect, avant de canner. Le chiroubles qu'il éclusait en bas, c'était sans doute ce qu'il avait trouvé de mieux pour m'impressionner. Pour me laisser croire qu'il évoluait dans le confort. Qu'il s'imbibait pas à l'ordinaire... La couperose en lichen de sa taupe me prouvait le contraire. Ici, dans ce trou à rats, on bouclait le mois au millimètre.

Et Miguel comptait sur moi pour l'en sortir...

J'atteignais l'euphorie. J'allais le flinguer et il espérait que je l'arrache de la médiocrité. J'étais enfin récompensé...

Miguel se dirigea vers la lourde opposée à celle du boxon et enfila une clef dans la serrure. Je fronçai les sourcils. On enfermait le champion ? Il est vrai que Miguel me l'avait décrit prématurément assassin, criminel précoce...

Les réjouissances intérieures cessèrent d'exister dès que le vieux poussa la porte. Le fumet concentré d'une ménagerie mal entretenue me suffoqua, accentué encore par un étrange phénomène synergique par les multiples autocollants Stick Up que le misérable couple avait placardés partout sur les murs de la piaule. L'arôme fécal, rehaussé de « senteurs des îles » et autres joyeusetés approximatives, assurait le mélange parfaitement gerbatoire. Était-ce réellement nécessaire d'aller plus avant dans ce parcours des atroces ? Le pitoyable cirque de Miguel commençait à m'ennuyer et je n'avais pas que ça à faire. J'allais être obligé de me débarrasser du colt Cobra. Et ça aussi ça m'ennuyait...

L'odeur devenait positivement insupportable et j'hésitais à m'accorder le temps de vider une demi-bouteille de bourbon avant de quitter les Vosges. Pour longtemps…

– Il fait sous lui, il n'aime pas l'eau et il est fort comme un buffle, m'expliqua Miguel, contrit.

L'explication me suffisait. Miguel était lâche et il n'était pas taillé pour affronter un buffle. Physiquement, Miguel n'était pas taillé pour affronter qui que ce soit.

J'avais déjà moins envie de jouer et la blonde faisait de louables efforts pour ne pas m'insulter. Elle ne me croyait vraisemblablement pas capable de les tuer tous les deux. Évidemment… Comme quoi, contrairement au cliché trop largement répandu, les limonadières manquent parfois d'un minimum de psychologie. Parce que c'était peut-être finalement elle que j'allais flinguer en priorité… Pour éviter les cris…

Le couple Miguel continuait à ressembler de plus en plus étonnamment aux Ténardier d'Hugo.

Mais le petit Jimmy n'avait pas grand-chose à voir avec Cosette…

Il m'était déjà arrivé, comme tout le monde, de croiser quelques aberrations chromosomiques, reliquats d'humanité circulant généralement en groupe sous la houlette de jeunes éducateurs barbus. Des wagons de mongoliens décarrant en promenade sous le regard coupable et inquiet des badauds. Je connaissais donc les habituels symptômes du syndrome de Down, les dysmorphies caractéristiques de la très fameuse trisomie 21. À l'exception de ces images courantes, j'ignorais à peu près tout de cette maladie congénitale. À part que ça n'avait pas dû rendre la blonde plus gracieuse… Elle ne buvait peut-être pas avant d'avoir Jimmy ?

Le petit Jimmy était positivement monstrueux. Il devait peser dans les cent vingt kilos, torse nu, ruisselant d'une graisse blafarde de sumotori, un crâne en pain de sucre perché sur un torse glabre et sans cou, des jambes tordues, ridiculement courtes, repliées sous lui, et ses yeux aux fentes palpébrales asiatiques posés sur moi… Il éprouvait de très visibles difficultés à respirer mais il me fixait obstinément, sans ciller.

Je n'échappais malheureusement pas à la gêne commune aux gens normaux devant un phénomène. Je n'avais rien contre les baraques de monstres. Je n'avais rien contre la prostitution en général. Je n'aimais donc pas voir sans payer.

Je savais également que les mongoliens souffraient généralement d'arriération mentale, mais sous le regard de Jimmy j'éprouvai la très pénible impression de devenir transparent, parfaitement anodin, d'une affligeante banalité. Sa curiosité ne dura guère plus de quelques secondes. Il jugea d'ailleurs complètement inutile de prolonger l'examen et m'abandonna pour retourner à son occupation favorite qui consistait à soulever l'élastique de sa couche en tissu pour s'étirer le prépuce jusqu'à mi-cuisse.

Je n'allais sûrement plus tarder à vomir...

Tout de même, au milieu de ce zoo, je ne pouvais m'empêcher de gamberger ferme sur l'imprudence de Miguel. Je ne parvenais pas à dissiper le noyau d'inquiétude qui me pesait sur l'estomac. J'aurais tout aussi bien pu monter une expédition punitive, ralléger en groupe et déclencher la corrida d'entrée de jeu, sans laisser le temps à personne de l'ouvrir... J'aurais pu, oui, puisque l'idée m'en était venue. Miguel ne pouvait décemment pas ignorer ce cas de figure. Et, malgré tout, je finissais par le croire lorsqu'il affirmait n'avoir pris aucune autre précaution que la présence de la grosse blonde. La force dissuasive n'est dissuasive que si les deux camps sont au parfum des ripostes qu'on leur réserve en cas de suif. Et je ne voyais pas comment Miguel avait organisé sa défense... Ça me chagrinait. Ça me gâchait même un peu le plaisir de l'avoir enfin à ma pogne.

Ou alors son séjour forcé à la cambrousse ne l'avait pas seulement ramolli, ça l'avait aussi rendu louftingue. Parce que s'il espérait réellement que le monstre qui se tripotait distraitement la queue dans un coin de sa chambre allait lui sortir dix points gagnants de rang, il avait, le vieux Miguel, comme une case vide dans le sinoquet qui résonnait grelot...

– Il parle ? j'ai demandé.

– Ça lui arrive, m'a répondu Miguel en me frimant de travers.

Il savait que je n'avais pas posé cette question par pure curiosité. Je tenais juste à savoir si, le cas échéant, je n'allais pas devoir aussi déquiller le petit mongolien pour éviter que mon portrait-robot ne vienne trop rapidement décorer les murs d'une sous-préfecture…

Comprenant que la lenteur des événements me poussait inexorablement vers des pensées malsaines, Miguel accéléra les choses. À sa place, j'aurais tout fait pour les différer.

Il posa une paire de dés devant Jimmy et les yeux du petit mongolien s'allumèrent…

6.

QUESTION PASSE ANGLAISE, on pouvait plus raisonnablement espérer me surprendre. J'en connaissais toutes les ficelles comme si j'en avais moi-même inventé les principes. Un jeu simple, d'apparence, mais aux combinaisons suffisamment complexes pour créer la différence entre le cave et l'arcan. Les pigeons se pointaient régulièrement nombreux au portillon parce qu'ils pensaient dominer rapidement les règles et ne voyaient pas, lorsqu'ils effleuraient superficiellement le problème des probabilités, de chicanes sournoises destinées trop visiblement à les plumer. Ils avaient au moins la satisfaction de ne jamais comprendre les raisons de leurs défaites successives.

Deux dés, une piste pour les faire rouler et une butée pour les arrêter suffisaient pour organiser une partie. À part l'arrosage des poulets, je réduisais mes frais au strict minimum. Quant aux règles du jeu proprement dites, un enfant de cinq ans pouvait sans difficulté les mémoriser en quelques secondes, à condition toutefois de ne pas être trop viscéralement rétif aux chiffres. Pour gagner au premier jet, le lanceur doit faire sept ou onze. On parle alors d'abattage. Il ramasse le double de l'oseille qu'il a engagée et rejoue. Mais trois combinaisons peuvent également le faire perdre du premier coup : deux, trois et douze. C'est la fatale baraque. Le lanceur paume son pari mais peut garder la main s'il le souhaite. S'il sort tout autre chiffre que ces cinq-là, il doit rejouer et ressortir impérativement ce chiffre avant de faire apparaître un sept. Le sept, gagnant à la première lance, devient donc perdant dès la seconde. C'est aussi le chiffre qui présente le plus de combinaisons possibles : 6-1, 5-2, 4-3, 3-4, 2-5, et 1-6…

Mais je n'avais pas, cette nuit-là à me soucier des cotes et des combinaisons puisque seule la vie de Miguel était en jeu. Et chacun aura compris, à la lecture de ce bref résumé des règles de la passe, que Jimmy avait fort peu de chances de tirer dix points gagnants d'affilée. Miguel devait le savoir aussi, mais il n'avait guère le choix.

Le mongolien cessa enfin de jouer avec la peau de sa bite, se pencha et ramassa les dés. Il les fit rouler dans la paume de sa main dont les articulations prenaient des angles étranges, maladroits, hypertoniques… Jimmy contrôlait très approximativement ses gestes et je commençais à me demander s'il allait être seulement capable de lancer les dés.

–J'ai mis six mois pour lui faire rentrer les règles dans la tête, m'expliqua Miguel. Dis, t'es vraiment obligé de me braquer ?

– T'occupe ! j'ai répliqué. On n'en a plus pour très longtemps maintenant…

Miguel s'humecta les lèvres du bout de la langue.

– Tu sais, j'aurais pu t'organiser un traquenard, moi aussi, murmura-t-il. Pour avoir enfin la paix. Te buter dès ton arrivée, c'était pas compliqué…

Je le devinais au bout du rouleau. La pauvreté de son argument faillit m'amuser.

– Il joue ou je tire tout de suite ? j'ai simplement répondu. Remarque que ça revient sûrement au même.

Jimmy leva la tête et me regarda. Il parut apercevoir mon calibre pour la première fois. Peut-être qu'il comprenait, après tout…

– Faut que tu gagnes, Jimmy, supplia Miguel. Faut que tu gagnes sinon ce type va me tuer, va tuer ta mère et peut-être même qu'il te tuera, toi aussi…

Je trouvai la réplique d'un goût fort douteux, mais je devais admettre que Miguel analysait la situation avec une certaine lucidité…

J'allais très probablement être obligé de faire un carnage.

Miguel retourna une petite table et la plaça en butée à l'extrémité d'un rectangle de moquette lisse comme un tapis de billard. C'était apparemment le seul endroit de la chambre où Jimmy semblait éviter d'uriner et de déféquer. Le reste était constellé d'auréoles.

Jimmy était en place, assis en tailleur devant la piste improvisée, mais ne paraissait pas pressé de jouer. Son regard bridé glissait alternativement de Miguel à sa mère avant de revenir obstinément se poser sur moi. À deux reprises, un des dés échappa à sa paume molle et rebondit sur le sol. Il ne faisait aucun effort pour le ramasser. Miguel s'en chargeait et replaçait le cube d'ivoire dans la main ouverte du mongolien.

– Je t'en supplie, Jimmy ! gémissait Miguel. Concentre-toi !

Au bord de la dépression, la grosse blonde explosa :

– C'est toujours pareil ! Ce petit salaud nous casse les pieds toute la journée et toute la nuit avec ses putains de dés et quand on lui demande de jouer, il s'entête ! On est juste bons à ramasser sa merde !

Le tout avec un atroce accent vosgien à faire fuir les touristes. Allemands compris. C'était la première fois que je l'entendais parler. J'espérais qu'il n'y en aurait pas une seconde…

Et Jimmy regardait sa mère.

Sans doute n'était-ce qu'une illusion, mais je crus lire dans ce regard qu'il n'avait pas envie du tout de sauver sa mère, qu'il avait envie de sauver personne… Et lui-même encore moins que les autres.

Miguel grimaça. Il balança un œil prometteur d'avoine à sa compagne. Confortablement installé dans un fauteuil de cinoche, goûtant la scène sur une toile, j'aurais probablement trouvé la chose amusante. En réalité, j'étais infiniment moins porté sur l'euphorie. Ce fut encore une fois Miguel qui renversa une situation dramatiquement compromise. Pour sauver sa peau, il ne manquait jamais de ressources. J'étais tout particulièrement bien placé pour le savoir.

– Le monsieur avec le pistolet organise des parties de passe anglaise, récita-t-il d'une voix lente, accroupi près de Jimmy. Si tu gagnes, il t'emmènera. Tu pourras jouer ailleurs que dans cette chambre. Voir des gens, voyager…

Ce n'était pas un pistolet mais un revolver. Jimmy ne me quittait plus des yeux. Ça me rendait affreusement malade.

Ses lèvres frémirent. Il balbutia quelques mots que je ne compris pas. Un mince filet de salive coulait sur son menton.

– Qu'est-ce qu'il a dit ?

– Il demande si c'est vrai, traduisit Miguel.

Il m'était difficile de ne pas confirmer. Je pris ma décision au moment même où je lâchai ma réponse. S'il réussissait cette fabuleuse série, j'emmènerais Jimmy. Il est vrai que je ne courais pas beaucoup de risques.

Il désigna sa mère d'un mouvement de tête.

– Et elle viendra aussi ?

Cette fois, j'avais compris.

– Ce sera comme tu voudras, Jimmy, murmurai-je.

Et les doigts du jeune mongolien se refermèrent enfin sur les dés…

Le bras droit de Jimmy parut se désolidariser du reste de son corps difforme, avachi. Plié en angle droit, il dessina dans l'air une lente spirale avant de se détendre brutalement, comme un reptile à la frappe. Les doigts s'ouvrirent et les dés s'envolèrent. Ils butèrent sur la table et rebondirent sans rouler sur la moquette. Quatre et trois. Le résultat ne me surprenait pas. C'était, comme je l'ai précédemment expliqué, une assez confortable probabilité. Mais je n'avais encore jamais vu quelqu'un lancer les dés de cette façon. Les cubes décrivaient un arc parfait tout en tourbillonnant sur eux-mêmes ! Comme des toupies ! Avant de heurter assez violemment la base de la butée et de glisser sur la piste. Toujours sans rouler. J'en savais un maximum sur le jeu, mais j'avoue que j'ignorais si ce lancer était parfaitement conforme aux usages. À vrai dire, je ne voyais vraiment pas qui pouvait empêcher Jimmy de lancer comme ça. Et il était sûrement le seul au monde à pouvoir réussir ce jet.

Le second lancer fut en tout point semblable au premier…

Quatre et trois à nouveau.

Jimmy ne regardait personne. Il fixait la piste, halluciné. Il était *dans* le jeu ! Ses doigts se refermaient sèchement lorsque Miguel y déposait les dés et son bras reprenait aussitôt sa danse lancinante. Ce n'était plus des cubes aux figures versatiles, aux caprices imprévisibles, mais des boomerangs à la trajectoire parfaite, soigneusement calculée, des frisbees dans les mains d'un authentique champion...

Le bras se détendit, fabuleuse mécanique. Le choc des dés contre la table me fit sursauter et Jimmy aligna son troisième sept, par cinq et deux. J'avais l'impression qu'il était capable d'aligner les points gagnants pendant des heures, indéfiniment.

À cet instant, sûrement, Miguel aurait pu tenter sa dernière chance, me bondir sur l'alpague et me désarmer. Je ne le tenais plus tellement en joue et mon index ne caressait même plus la queue de détente.

Il ramassa les dés et les plaça dans la main ouverte de Jimmy tout en lui murmurant quelques inaudibles encouragements.

Je fronçai les sourcils.

– Tu permets ? j'ai grondé en bloquant le bras de Jimmy.

Je forçai le jeune mongolien, d'une pression un peu cruelle à la base du poignet, à lâcher les cubes. Six et un. Miguel ruisselait.

– Tu vas pas croire que..., bafouilla-t-il.

Je connaissais des tas de façons de piper les dés, du lestage de plomb à la fameuse goutte de mercure qui faisait la navette dans le cube de façon à amener systématiquement un cinq ou un as, deux chiffres assurant à tous les coups la gagne accompagnés d'un six, en passant par le poli sournois des angles, jusqu'à l'électronique qui faisait passer un ingénieur simplement moyen pour un véritable magicien. Le quatre et le trois, figures opposées, pouvaient également être amenés sans grande difficulté par un bricoleur avisé, toujours grâce à cette gaine centrale miniature et la très célèbre goutte de mercure connue de tous les lanceurs professionnels, de dés ou de couteaux.

Ce genre d'indélicatesse étant toujours sévèrement sanctionnée, peu d'arnaqueurs s'y risquaient. Mais la rareté n'empêchait pas la vigilance. À tout hasard, je ramassai les dés et les propulsai mollement sur la piste. Quatre et trois.

– Intéressant..., soufflai-je.

Miguel dégoulinait follement. Il tendit à son tour la main vers les dés et le canon de mon colt se retrouva très automatiquement dans la lignée de son front.

– J'te jure..., commença ce vieux singe.

– T'as encore essayé de m'entuber, pauvre malade ! Va te mettre au fond à côté de ta grosse ! j'ai ordonné.

– Vous savez ce qu'elle vous dit la grosse ? éructa la blonde.

J'allais peut-être finalement être obligé de la tuer avant que Jimmy ne reprenne sa série...

En principe, il est impossible de truquer une paire de dés de façon à amener systématiquement un sept par tant de combinaisons différentes. Mais les tricheurs font parfois preuve d'une ingéniosité tout à fait remarquable. De plus, Miguel s'était à chaque fois chargé de ramasser les bobs pour les rendre à Jimmy. J'étais suffisamment fasciné par le mongolien pour ne pas me rendre compte d'un éventuel cambut, d'un tour de passe-passe.

Miguel s'était sagement rangé au côté de sa compagne et se faisait incendier en sourdine. Elle lui demandait si elle devait vraiment continuer à se faire insulter par un gommeux et s'il comptait enfin faire quelque chose pour m'en empêcher. Je l'avais calculée juste, cette ravelure. Miguel n'avait pas dû se marrer tous les jours. Ça me consolait encore.

Je décidai d'armer moi-même la main de Jimmy. J'extirpai de ma poche un petit écrin doré qui contenait une jolie paire de dés, agréablement laqués, noir et blanc, légèrement plus petits et plus légers que ceux que Jimmy avait l'habitude de pratiquer. Un souvenir d'Angelo l'Empalmeur, mon premier lanceur… Une belle gueule qui aurait dû l'amener tout naturellement dans les rangs des saurets. Mais il préférait le flambe, et de loin… Un chic garçon avec une calculatrice à la place du cerveau, une main en or et une chance insolente. On venait, à l'époque, de fort loin pour affronter mon poulain. Mes appartements, mes bars, mon portefeuille coquet, tout le confort que je m'accordais, j'lui devais en grande partie, à Angelo. Et puis un jour il en a eu marre des caves enfumées, des courettes aux fins fonds de lointaines et sinistres banlieues, des pistes lépreuses et des adversaires minables qu'on lui opposait. Marre aussi qu'on commence à chuchoter un peu trop fort dans son milieu qu'il négligeait les souris pour mieux aimer les petits garçons. La France était devenue bien trop petite pour lui. Il y étouffait. Il lui fallait les States, dont il parlait sans les connaître avec de l'émerveillement plein les yeux. Pour moi, le temps que je lui trouve un remplaçant, il a différé son départ. Il est resté plus longtemps pour me dépanner… Trop longtemps… Un soir de trop. Dans une partie que je n'avais pas organisée il était allé les rouler en free-lance, comme il en avait le droit malgré mes conseils de prudence. À Pantin, dans un tapis près de l'église, il s'est battu, d'après ce qu'on m'en a rapporté, comme un lion. Un Arbi vindicatif, raidi à zéro, qu'avait lâché une parole malheureuse :

– Si faut donner le fion pour avoir cette chance, j'préfère abandonner le jeu ! Dans pas longtemps, si ça continue, on ira tapiner au bois pour régler tout ce que les tantes nous auront pris !

– C'est pour moi que tu dis ça ? avait doucement demandé Angelo, avec sa belle frime un peu trop féminine.

– J'dis ça pour ceux que ça concerne ! avait craché le raton en découvrant une rangée de ratiches en or qu'Angelo, que j'avais pourtant jamais vu se battre, s'était tout aussitôt empressé de lui éclater.

Je savais qu'on ricanait méchamment en tapinois

des capacités viriles d'Angelo. Je peux maintenant avouer en avoir douté aussi. Des tas de gentilles filles que je connaissais en pinçaient drôlement pour ses allures d'androgyne, son sourire désarmant et ses cheveux longs sur la nuque. Il paraissait, moins encore que Miguel, taillé pour la baston. Pourtant les témoignages concordaient. L'exotique insolent, un traîne-lattes qu'on présentait dans son quartier comme un sale fer, n'avait pas fait un pli. Angelo était passé par-dessus la piste et lui avait, très consciencieusement, démoli la devanture. À coups de boule, à coups de saton, méthodiquement, en swings larges et directs en rafale, il lui avait fait cracher tous ses dominos en jonc, cassé le nez et explosé les arcades avant qu'enfin on l'arrête, de peur que le crouillat ne dévisse son billard devant tant de témoins. Paraît qu'Angelo, pourtant pas soupçonnable de xénophobie, l'avait abandonné dans un sale état, le Maghrébin.

Il était venu me voir la nuit même, dans mon bar, sans que je sache encore ses exploits. Je l'avais deviné tourmenté mais j'avais depuis longtemps égaré l'habitude de poser des questions. Après avoir éclusé quelques godets de Malibu, son poison préféré, il s'était contenté de me refiler l'écrin plaqué or avec les dés à l'intérieur, enchâssés dans un lit de feutrine.

– Mais t'es louf ! Pourquoi tu m'donnes tes bobs ? j'avais protesté.

– Je passe la main, Pierrot, il m'avait murmuré. T'as le choix pour me remplacer maintenant…

– Y en a pas un qui t'arrive à la cheville ! Rien que des balourds et des maladroits.

Je revoyais encore son sourire, le fameux, celui qui rendait les dames toutes frissonnantes.

– Dis pas ça, Pierrot. T'as Elie le Grenoblois qui a une bonne main et qui calcule juste. Et avec l'avantage que lui, au moins, personne se risquerait à lui chercher des crosses ou à émettre des doutes sur sa mentalité.

J'ai rien répondu. Je devais admettre, tout comme Angelo, que le Grenoblois tenait sérieusement la route et qu'il s'annonçait comme un successeur tout à fait valable. De toute façon, Angelo ne m'a pas laissé le temps de répondre… Il a repoussé l'écrin vers moi.

– Tiens, prends-les. C'est mes fétiches. Mon père me les a refilés avant de canner. Ils portent bonheur, mais à Los Angeles où je serai demain, là-bas, si loin, l'enchantement doit plus jouer. Avec toi, au moins, j'suis sûr qu'ils tomberont pas dans de trop mauvaises pognes.

Contrairement à la majorité des flambeurs, j'lui avais jamais connu de superstition, à Angelo. Fallait que je lui en découvre une la veille de son départ… La gorge un brin serrée, j'ai encore une fois rien dit. J'aurais pourtant voulu les refuser, ses dés enchantés.

– Alors c'est décidé, tu pars ? j'avais simplement et assez connement demandé.

Il avait hoché la tête en souriant toujours. C'était la dernière image que je gardais de lui.

Pour partir, il était parti. Le lendemain midi, la

camériste du meublé de la mère Tapedur, une ancienne fouetteuse de la rue Nicolas-Flamel reconvertie dans le garni, découvrait Angelo dans sa baignoire encore pleine, vidangé de tout son sang, les poignets ouverts sur de cruelles béances.

L'écrin doré avec sa paire de dés noir et blanc ne m'avaient plus jamais quitté…

7.

LES DÉS DU BEL ANGELO, au moins, j'en étais sûr. Ils étaient aux normes. Je les posai dans la pogne ouverte et molle de Jimmy.

– C'est pas régulier ! plaida faiblement Miguel. Le p'tit a pas l'habitude de tes bobs…

La mire de mon colt paraissait aimantée par son front. J'aurais bien demandé à la blonde d'aller me chercher un double scotch, mais elle serait très probablement revenue avec un fusil à pompe.

– Si ton champion joue pour moi, il devra lancer avec les dés que je lui donnerai, expliquai-je. Et s'il est si fort que tu le prétends…

Mon calme apparent ne sembla pas rassurer Miguel qui décida pourtant de se taire, ruminant d'obscures trahisons.

Je revins à Jimmy. Il regardait les dés noir et blanc, l'air à la fois indécis et fasciné. Il ignorait sans doute que les joueurs pouvaient respecter les dés au point de les ranger dans un étui en or. Je devais gagner quelques points dans son estime.

– Ils sont à toi si tu gagnes encore sept points, j'ai lâché sans réfléchir.

La bave s'était figée sur le menton du gros mongolien. Il avait peut-être compris. Ou peut-être pas… Je décidai, à défaut, de lui prêter sensiblement autant d'intelligence que les amis des bêtes en accordent à leurs greffiers. Je trouvai d'un coup assez juste ce parallèle entre le mystère des chats et l'opacité de Jimmy. Un brouillard dense et permanent brusquement traversé de fulgurances. Savoir si le soleil brillait derrière cette épaisseur de ouate, il était encore trop tôt pour s'en convaincre. Je posai aussi la boîte dorée devant le mongolien.

– On peut s'asseoir ? renauda la blondasse.

– Non.

La voix de sa mère parut brusquement rappeler à Jimmy qu'il y avait un enjeu à cette partie. Les dés laqués disparurent dans son poing. Son corps se déforma à nouveau, s'affaissa légèrement comme s'il s'apprêtait à se répandre en flaque sur le sol, et son bras reprit sa spirale infernale. J'avais l'étrange impression que Jimmy parvenait à concentrer toute l'intelligence dont il disposait dans ce bras-là. Que le reste ne lui servait plus à rien. Qu'il supprimait tous les intermédiaires entre son cerveau et sa main droite, en éliminant du coup tous les caprices, les aléas du parcours, le risque des informations incorrectement transmises. Les dés d'Angelo traversèrent la piste, heurtèrent la butée et rebondirent vers nous. Le premier pivotait sur lui-même, en toupie, affichant obstinément un cinq, mais le second qui roulait encore fit apparaître un deux avant de s'immobiliser sur un trois, la face suivante dans le mouvement que le cube avait décidé d'emprunter.

– Huit ! j'ai annoncé, pas mécontent.

Cette fois, la chance de Miguel venait de tourner. Jimmy devait maintenant impérativement retirer un huit avant de sortir un sept. Les pourcentages n'étaient plus en sa faveur.

– T'aurais pu lui laisser lancer quelques coups à blanc pour se les mettre en main ! protesta le vieux Miguel.

C'était bien à lui de me reprocher mon manque d'élégance… Lui qui avait élevé l'indélicatesse et la trahison au rang de philosophies. La colère qui me revenait par bouffées m'empêcha pas de lui sourire.

– T'es sûr qu'il connaît les règles au moins ? j'ai demandé.

– T'inquiète pas pour ça. C'est tes dés de gommeux qu'il connaît pas !

J'exhalai un long soupir. Je posai une main sur l'épaule de Jimmy.

– Tu permets une seconde ?

Sans attendre de réponse, j'ai ripé vers Miguel, l'entreprenant d'entrée à coups de gifle, en aller et retour qui lui faisaient rebondir la tête d'une épaule à l'autre, avant de fermer le poing, de le cueillir sèchement au foie, l'obligeant à plier et à quasiment venir s'empaler la tronche sur mon genou venu à sa rencontre. Miguel n'en demandait pas davantage pour s'étendre. D'une dernière gifle enfin, sensiblement alourdie par le plat de la crosse du Cobra, j'ai dû faire taire les glapissements hystériques de la grosse. Elle partit aussitôt dans le cirage, s'écroulant lourdement tandis qu'un œuf de caille lui poussait à toute allure sur la tempe.

– On peut jouer tranquille dans cette taule, oui ? j'ai gueulé.

Plus personne n'était en état de me répondre. Un énorme soulagement m'alanguissait brusquement la viande. C'était la toute vraie première fois que je frappais Miguel. Je me sentais libéré, enfin débarrassé de ces chaînes invisibles qui m'entravaient à chaque fois qu'il inventait une nouvelle plaisanterie pour me nuire.

Je n'avais, au moins, pas fait le trajet pour des nèfles.

De son côté, Jimmy souriait…

Visiblement, j'avais séduit Jimmy. En châtaignant sa mère et son beau-père, ce qui n'est, somme toute, pas banal. Et je sentais bien qu'en les caroublant encore un peu plus fort, un peu plus longtemps, je l'aurais définitivement comblé. Je soupçonnais brusquement le couple immonde d'être moins attentif au confort de Jimmy qu'il ne le prétendait. Apparemment, le mongolien ne portait pas de traces de sévices, mais on pouvait le torturer autrement… Peut-être même simplement en ne l'aimant pas assez.

Mais je n'avais pas traversé les Vosges sous l'ondée pour rétablir la loi dans un foyer de rustiques et les attentifs d'Amnesty International devaient pas souvent fréquenter le secteur. Le temps passait et Jimmy devait quand même ressortir un huit.

Je m'accroupis à ses côtés, affranchi de la surveillance des emmerdeurs.

– Vas-y, môme, fais-moi voir c'que tu sais faire.

Il n'attendait que ça. Pour la première fois, assez habilement, Jimmy fit sauter les dés dans sa main, comme pour mieux appréhender la texture, les angles, la structure, la densité, le poids… J'imaginais qu'il enregistrait toutes les données comme un ordinateur analyse un volume solide.

Son poing se referma et il lança. Neuf. Encore une fois, un des dés avait pivoté un quart de tour de trop. J'avais maintenant la certitude que Jimmy prévoyait très exactement la combinaison qu'il comptait sortir. Manquer son coup paraissait le contrarier beaucoup.

Avec un huit à afficher, il pouvait cependant pas s'éloigner de la menace du sept. Fallait les rouler pointus.

Je m'ébrouai, conscient subitement d'un peu trop fabuler sur les capacités du mongolien. Qu'est-ce que j'allais m'imaginer ? Que ce débile mental pouvait commander aux cubes ? Sortir les combinaisons à la demande comme d'autres, moins délicats, lâchent des pets en rafale ? Je devenais drôlement crédule. À ce rythme-là, les faisans n'allaient plus tarder à se pointer à ma lourde, flairant le tendron, pour me soulager de mes biens. Je les entendais déjà se refiler la bonne adresse :

« Pierrot le Naïf ? Il est devenu tellement pâquerette que t'aurais pu lui vendre le Sacré-Cœur en lui faisant croire qu'il pouvait y ouvrir une volière. Mais t'arrives un peu tard à la régalade, mon pote. Le Naïf, les requins l'ont un peu arrangé, tu penses ! Il crèche aujourd'hui à Nanterre, avec les pilons, ratissé à zéro… Obligé de mendier son quotidien de perlot… »

Comme je les entendais bien ! Une vraie révélation de mon avenir… Parce que c'est bien là-bas que j'allais achever ma trajectoire de truffe, à Nanterre, où je trouverais bien encore un clodo pour me soulager du peu qui me resterait… Le cauchemar du raidissement total, je pensais pourtant bien l'avoir repoussé jusqu'aux limites de l'inconscient. Et voilà qu'il resurgissait, en tapinois, se répandant dans ma viande comme une armada de cancrelats…

Cette vision saumâtre, que j'espérais tout de même déformée, me fila en rogne contre le monde entier et contre Jimmy en particulier. Je l'incendiai sans raison :

– Joue plus vite ! J'ai pas que ça à foutre !

Jimmy m'observa un instant, étonné. Son visage se chiffonna et il laissa échapper un dé. La susceptibilité… Ça manquait à sa panoplie ! J'allais rien pouvoir lui dire d'un peu sec sans qu'il se contrarie…

Mais à la tendresse, moi aussi, j'avais dû me faire abuser tant la grimace désolée et comique de Jimmy, que j'aurais sûrement en d'autres circonstances jugée divertissante, me chagrinait maintenant en osmose de la tristesse que je venais d'aussi sottement provoquer. Sa volonté désespérée et maladroite de me plaire méritait vraiment pas le traitement que je lui renvoyais. J'ai lâché du lest… comme j'en avais déjà tant lâché avec le vieux Miguel.

– J'dis pas ça pour te pousser à la faute, j'ai tenté d'expliquer. Mais les vrais lanceurs jouent toujours vite. Ils accélèrent les parties pour mieux embrouiller les caves. Tu comprends ?

Sûrement pas… Mais le ton de ma voix dut le rassurer. Son masque de chagrin s'effaça, il ramassa le bob fugueur, se concentra et m'offrit, en guise de cadeau de réconciliation, un splendide huit, par cinq et trois…

Je peux avouer, mais n'était-ce pas mon rôle, avoir tout fait pour le distraire, pour enrayer cette fabuleuse mécanique, pour faire trembler ce bras magique. Je toussais à l'instant du jet, parlais sans cesse, m'approchais beaucoup trop près de la piste improvisée, modifiais légèrement l'inclinaison de la table qui servait de butée, accumulais tous ces menus incidents dont la répétition m'aurait, n'importe où, attiré les foudres du plus flegmatique des lanceurs. Les parties de passe sont souvent bruyantes, agitées, et les plus talentueuses lances ne valaient pas un clou s'il leur manquait les nerfs pour supporter l'incessant brouhaha des flambeurs. Être excellent dans son jardin est une chose, être bon partout ailleurs, et parfois dans les pires conditions, en est une autre. Bien différente. Angelo et sa main d'or étaient morts de ne l'avoir pas supporté. Dans ce domaine, Jimmy paraissait d'une trempe exceptionnelle. Mes frasques, mes vices, il semblait même pas les apercevoir et les dés d'Angelo commençaient maintenant à bien lui plaire. Il se contentait de tendre la main pour les recueillir et relancer. Vite. De plus en plus vite. Jimmy apprenait à une vitesse ahurissante.

Au neuvième coup, cependant, il amena un quatre. Je venais, sournoisement, du bout du pied, de déplacer la butée, et les dés avaient rebondi légèrement en biais. Il regarda les cubes, abasourdi. C'était vraiment la pire trahison qu'on pouvait lui faire… Son visage poupin, traversé de tics nerveux, reflétait une profonde stupeur. Le regard douloureux, il s'était tourné vers moi, en quête d'un appui, d'une explication que je ne tenais pas à lui fournir tout de suite. Parce que ça aussi il devait apprendre à l'encaisser : la défaite… Ou sa perspective.

– Un quatre… C'est pas encore perdu, j'ai simplement annoncé.

Pas encore… Mais presque. Dans le fameux

losange des combinaisons, le quatre n'affichait que trois chances contre six pour le sept fatal. Un contre deux.

Le vieux Miguel, qui venait de reprendre ses esprits, s'était rapproché de la piste. Il saignait vilainement de la bouche et mon colt, tel un radar, est revenu automatiquement dans l'exact prolongement de son crâne.

– C'est une manie ! il a grogné.

D'un mouvement de menton, il a désigné Jimmy :

– Il en est où ?

Je trouvais curieux qu'il ne me reproche pas de l'avoir avoiné. Sa lèvre fendue et son petit étourdissement allaient, il est vrai, se révéler dérisoires en regard de la balle blindée qu'il risquait maintenant à tout moment de se transpirer en pleine tête.

– Au neuvième coup, j'ai tout de même répondu. Mais le parcours s'achève, on dirait…

Miguel renifla.

– Huit abattages de rang… T'avoueras que j't'ai pas fait venir pour rien.

J'observai le filet de sang qui lui dégoulinait dans le cou, sous l'étoffe du col de chemise qu'il imbibait déjà.

– C'est vrai, j'ai admis en souriant. Il est intéressant.

– Faut que j'te dise…

Là, j'aimais déjà moins. Les petites phrases de Miguel en prélude aux coups de vice, je commençais à en reconnaître les formulations. J'allais enfin savoir la couleur de l'atout que ce crapaud gardait dans sa manche…

– Oui ?

– Tu peux pas emmener le p'tit sans moi. Je l'ai adopté. J'en suis responsable aux yeux du juge. Rapport à la petite sottise qu'il a commise. J'suis comme qui dirait son tuteur légal, quoi. S'il m'arrivait quelque chose ou si j'en étais sans nouvelles, la commission rogatoire rebondirait aussitôt à la P.J. avec avis de recherche, mandat d'amener et le toutim. Je rentre pas dans le détail, tu connais la musique. T'admettras que Jimmy, il a pas un physique qui passe inaperçu. Je lui donne pas trois jours pour se retrouver placé dans un asile pénitentiaire où la vie n'est pas rose tous les jours, j'dois te prévenir.

Je l'ai laissé dire. J'enregistrais les données du problème. Légalement, marlou comme je le savais, Miguel devait s'être très sérieusement rencardé, et son exposé, sur le plan juridique au moins, ne devait guère présenter de faille. Ça se résumait donc à un dilemme sous forme d'ultimatum : ou j'emmenais Jimmy et Miguel, ou je flinguais tout le monde.

Outre que l'idée de déquiller Jimmy, avec qui je me sentais des affinités sans cesse croissantes, me faisait gerber au plus haut point, toute sentimentalité mise au rencart, je perdais aussi, en l'embarquant pas, une très chouette occasion de remonter le baromètre de mes finances vers le beau fixe. Au-delà même de ses talents de lanceur, dont j'avais pourtant jamais croisé l'équivalence, le gros mongolien allait à coup sûr se tailler un très important succès de curiosité. Dans ma tête, les rouages de l'organisation se mettaient parfaitement en place. De partout on allait accourir, se bousculer pour affronter Crâne d'Œuf, Jimmy le Mongol. Y aurait des listes d'attente, des tournées de stars, des soirées de prestige. J'internationalisais l'itinéraire, un planning soigneusement quadrillé par les horaires aériens. J'avais enfin mon champion. Un vrai qui, contrairement aux boxeurs, pouvait monter au charbon tous les soirs sans rien craindre pour sa santé. Mes petites voix intérieures s'étaient faites charmeuses, d'un coup : « Pierrot ? Il s'est refait une drôle de santé, Pierrot. Paraît qu'il se la coule douce, aux antipodes de nozigues, quelque part du côté des îles Sous-le-Vent où il a fait bâtir un palace victorien pour son seul usage et celui de ses amis… »

Mais je tirais prématurément vanité d'un rêve encore bien loin de se matérialiser. La réalité, pour l'heure, c'était cette piaule puante avec Miguel dedans ! Je frôlais pas les tropiques…

8.

L'ENVIE ME SAISIT, brusquement, devant la complexité du problème, d'en abandonner les données aux dés, à la seule main de Jimmy. S'il achevait victorieusement sa série, avec un quatre et un dernier abattage, j'acceptais en bloc les conditions de Miguel. En revanche, s'il échouait comme les probabilités le laissaient désormais supposer, je nettoyais la place et repartais vers Paris en tentant d'oublier tout.

Après un instant de flottement consacré à l'analyse de cette solution binaire, j'en récusai rageusement tous les paramètres. Qu'est-ce que c'était que ces manières que je prenais ? J'avais, jusqu'ici et le moins souvent possible, délégué mes responsabilités à personne, et surtout pas au hasard… J'en connaissais trop les caprices. Les décisions me concernant, j'avais pris l'habitude depuis un bail de les prendre moi-même. Et en écoutant le moins de conseils possible !

J'allais pas aujourd'hui déroger à cette règle qui m'avait évité des tas d'avanies...

Je me redressai lentement. La partie rimait plus à rien. J'entretenais plus aucun doute sur les qualités de Jimmy. Mon regard glissa vers l'unique fenêtre de la piaule que la blondasse, toujours dans le sirop, avait jugé bon d'agrémenter de barreaux épais comme des bras de nourrisson. Je frissonnai, viscéralement rétif à tout ce qui ressemblait, de près ou de loin, à une barrière. Ça devait me venir, cette répulsion, de la prime enfance où, affublé de parents vadrouilleurs, marathoniens de la gambille, je passais le plus clair de mon temps entre un lit-cage peint en bleu et un parc circulaire encombré de jouets plus tartes les uns que les autres. Avec toutes ces rampes qui auréolaient mon univers à hauteur de frime, j'étais pas devenu, forcément, un précoce de la marche à pince. Quant aux centrales que j'avais eu le malheur de fréquenter plus tard, elles n'avaient plus, pour la plupart, de barreaux depuis longtemps. On modulait déjà, à l'époque, le milieu carcéral dans le métal lourd, l'électronique et le dépoli incassable.

– Alors ? s'impatienta Miguel. Tu décides quoi ?

Jimmy ne me quittait plus des yeux.

– Y a une chose que t'as oublié de me préciser, j'ai murmuré.

Il chiquait l'innocence mais je savais qu'il avait parfaitement compris.

– Quoi donc ?

– À combien t'estimes ta tutelle ?

Miguel haussa les épaules. Il croyait maintenant bien la tenir en main, la situation. Le voir sourire acheva de me convaincre que je ne pouvais pas, mais absolument pas, embarquer ce fumier dans cette aventure.

Et Jimmy me regardait toujours…

– Une vingtaine de briques pour voir venir, poursuivait Miguel, loin de se douter de la fatale orientation que venait de prendre ma réflexion. De quoi renouveler ma garde-robe et me choisir une voiture dans les derniers modèles. Juste pour pouvoir te suivre sans te faire honte, quoi…

Je tenais à savoir jusqu'où ce connard prétendait aller.

– Et ensuite ? je l'ai encouragé.

– Ensuite ? Une participation aux bénéfices. T'auras sûrement besoin de quelqu'un pour t'aider. Le p'tit Jimmy, il est pas toujours facile à driver. Surtout quand il a ses douleurs dans la tête… On sera pas trop de deux, je t'assure.

– Quel genre de participation ?

C'était vraiment dégueulasse de le voir sourire comme ça sans éponger le sang qui continuait de ruisseler de ses lèvres fendues.

– La plus simple, termina Miguel. Moitié-moitié, afanaf, comme ça y a pas d'embrouille.

J'ai croisé à nouveau le regard de Jimmy. J'espérais qu'il comprenait pourquoi j'allais être obligé de le buter, lui aussi. Miguel me laissait pas le choix. Dans ses yeux, sur son visage, je crus deviner une silencieuse et secrète approbation. Une immense lassitude me paralysait les fibres. Qu'est-ce que je pouvais faire ? Flinguer Miguel et sa grosse en laissant un témoin vivant derrière moi ? Un témoin capable de m'envoyer rebondir pour vingt ans en cabane ? Il pesait ça, Jimmy. Très exactement ça. Vingt ans de prison…

– Faut que je réfléchisse, j'ai brusquement décidé. Passe-moi les clefs de la piaule !

Miguel parut surpris. Son sourire sanglant s'effaça.

– Les clefs ?

– Je vous enferme cinq minutes, je précisai avec un geste d'impatience. Le temps de faire le point.

Il grimaça et haussa encore les épaules.

– T'as toujours été tordu de la tête, toi…

– Tu me les passes ces clefs, oui ou merde ! j'ai hurlé.

– Comme tu veux… Mais si tu veux mon avis, une occasion comme celle-là, ça se laisse pas passer.

Une occasion comme ça de le dissoudre, ce chancre, j'allais pas non plus la manquer…

J'ai pris les clefs, refermé la porte derrière moi, bridé à double tour et descendu vite fait au bar m'envoyer une dose adulte de scotch derrière la cravate. L'alcool allait éperonner toute la colère qui me rongeait depuis que Miguel avait enlevé Julie, ce cancer qui me gâtait l'existence. J'avais besoin d'au moins ça pour accomplir ce que j'avais finalement décidé...

À la demi-bouteille de scotch, un quart d'heure plus tard, je me suis senti prêt. J'ai vissé soigneusement le silencieux sur le canon du Cobra, encore conscient que je m'apprêtais à troquer un cauchemar contre un autre qui allait, lui aussi, longtemps me poursuivre. Et de façon plus terrible si ça se trouve... Vaguement envapé par le whisky, j'en revenais à des raisonnements simples, lapidaires. J'étais venu pour ébouser Miguel. Un point c'est tout ! Je devais donc désormais m'appliquer à respecter mes décisions premières. Sans tenir compte de rien ni de personne...

Je regrimpai les escaliers, inspirant profondément pour juguler l'exaspérante faiblesse de mes jambes.

Devant la porte, j'ai encore hésité une poignée de secondes. Aucun bruit ne me parvenait de l'intérieur. Entendre jacter l'enfoiré m'aurait pourtant aidé. Je résistai à la tentation de redescendre siffler d'un trait mon solde de scotch. Pas pour m'affermir le bras ou pour me donner du cœur au massacre, non, mais pour faire taire enfin cette petite voix sournoise, chuchotante, qui me conseillait vivement depuis un moment de mettre les bouts, de quitter cette baraque, de remonter dans ma Jag et de les oublier dans leur chambre close, ces cancrelats, ces pourrisseurs d'existence...

La colère, longtemps nourrie, se révéla plus tenace que ces bouffées de sagesse qui ralentissaient mon action. Je restais persuadé que si je passais la main pour Miguel, je la passerais désormais sur tout. La porte ouverte aux insolences que j'aurais plus le cœur à punir, puisque j'avais si sottement créé un précédent. Sans compter que, vivant, il reviendrait à coup sûr à l'assaut, le Miguel. Et mes amis, qui l'avaient oublié, se remettraient aussitôt à m'en parler et à plus me comprendre. Ce mauvais rêve resurgirait aussi longtemps que je n'en aurais pas exorcisé les causes.

Tout de suite, en point d'orgue de cette brève gamberge, la clef est venue au contact de la serrure. Trois balles devaient suffire. La première, je la réservais évidemment pour Miguel. Que les autres, s'ils étaient en état, comprennent que c'était à ce fumier que j'en voulais, et uniquement à lui, et qu'ils allaient mourir pour l'avoir seulement fréquenté de trop près et au mauvais moment.

J'ai ouvert la porte, mon Cobra bien en pogne, le chien relevé, et j'ai aussitôt compris que je n'allais rien pouvoir faire de ce que je prévoyais. Je ne pouvais plus tuer Miguel.

Puisque Jimmy s'en était chargé…

Je lui avais réservé bien des tourments, au vieux Miguel, mais une mort comme celle-là, je ne l'avais jusqu'ici souhaitée à personne. Un clébard enragé, peut-être, aurait pu déchiqueter Miguel de cette manière, en s'attaquant à la faiblesse du cou, à l'articulation de la mâchoire, pour venir lui arracher la trachée. Fallait dans les doigts, pour réussir cet exploit, une force invraisemblable. Le décollement à mains nues, j'aurais jamais imaginé qu'on puisse seulement envisager de le tenter. Je devais pourtant me rendre à l'évidence : c'était sans le moindre objet contondant que Jimmy avait décapité Miguel...

En trois ou quatre spasmes douloureux, retourné côté couloir, j'ai liquidé mon ivresse.

La pente du sol de la chambre de Jimmy avait dû être étudiée avec une coupable désinvolture puisque la flaque de sang commençait à me couler entre les pompes. La piste de passe, elle aussi, s'imbibait du raisiné de l'infâme, marquant d'une auréole sombre et grandissante qu'on avait pour un bon moment terminé d'y jouer.

Le vieux Miguel, dis donc... Sa tronche d'un côté et son corps de l'autre... Séparés d'un bon mètre...

Je n'avais, du rez-de-chaussée, entendu ni cris ni bruits de bagarre. Rien. C'est dans un silence ouaté que Jimmy avait perpétré son massacre. Je préférai, l'estomac encore frissonnant, l'aigreur en gorge, ne pas en imaginer les détails. Jimmy avait repris sa position, assis en tailleur, le visage enfoui dans ses mains de nourrisson trop vite poussé, et se balançait doucement d'avant en arrière. Du sang de Miguel, lui aussi en était couvert.

Un gémissement étranglé attira mon attention vers le fond de la chambre.

Je l'avais complètement oubliée, la grosse blonde.

Elle était enfin sortie du potage, quelques secondes plus tôt, probablement, et avait assisté à l'exécution de son coquin. Sans rien dire… Debout, plaquée contre le mur, claquant des dents et frémissant tellement fort que les contours de sa silhouette en devenaient imprécis, elle émettait par intermittence de curieux couinements de rongeur.

Étrangement, sans raison clairement formulable, j'étais reconnaissant à Jimmy d'avoir épargné sa mère. Ça m'aurait ennuyé qu'il la tue, elle aussi. Sans doute ce crime supplémentaire l'eût-il rendu définitivement monstrueux à mes yeux ? Dangereux ? Incontrôlable ? Car je persistais à penser que Jimmy avait fait cela pour sauver sa peau, et celle de sa mère peut-être, et surtout pour me laisser une possibilité de l'emmener, malgré tout… Par amitié, déjà…

Tout cela impliquait, je dois aujourd'hui l'admettre, un raisonnement que Jimmy était bien incapable de tenir. Je n'avais simplement pas aperçu, omnubilé par l'ensemble de cette scène macabre, les dés noir et blanc dans la main du vieux Miguel…

La blondasse parut enfin émerger de sa torpeur et m'apercevoir. Elle se mit aussitôt à hurler.

– Tuez-le ! Vite ! Tuez-le !

J'avais besoin de silence. Je n'aimais pas beaucoup prendre des habitudes, mais j'ai dû la frictionner à nouveau, cette peau d'engelure. Pour qu'elle se taise enfin. C'était vraiment pas le moment d'agacer le riverain en l'arrachant prématurément du sommeil. Un vigoureux beignet assené du plat de la main suffit à transformer ses hurlements en un sanglot modulé dans des octaves plus discrètes. Elle devait avoir les nerfs en cale sèche pour m'ordonner ainsi de seringuer son lardon. Évidemment, on pouvait raisonnablement craquer à moins. Rien qu'à l'idée de s'appuyer le nettoyage de la piaule…

– C'est un monstre ! bafouilla-t-elle entre deux hoquets. Regardez ce qu'il a fait !

– Ce qu'il a fait, je m'apprêtais justement à le faire aussi, j'ai tranquillement répliqué. Ton Miguel, c'était la belle ordure. Le monde en est enfin débarrassé.

Elle m'observa, interloquée. Peut-être davantage surprise par le ton de ma voix que par le contenu de mes paroles, dont elle ne devait pas parfaitement saisir le sens… Je m'abstins de préciser que si Jimmy n'était pas intervenu, le carnage n'aurait pas concerné que le seul Miguel. J'avais maintenant besoin de sa confiance.

Crâne d'Œuf se balançait toujours, mais avec déjà moins de détermination dans le mouvement. Preuve sans doute qu'il s'intéressait à la conversation. J'ai jeté un coup d'œil sur le cadavre disloqué de Miguel, auquel je commençais affreusement à m'habituer. Je revins à la blonde avec l'impression pénible de m'embarquer à pédalo sur un de ces rapides meurtriers d'Afrique noire.

– Tu t'appelles comment déjà ?

– Adrienne…

Naturellement.

– Alors écoute, Adrienne… Si tu préviens les flics, Jimmy va se retrouver enfermé jusqu'à la fin de ses jours…

Ça devait être à peu près exactement ce qu'elle souhaitait. J'étais d'une maladresse consternante.

– Et tu auras des tas d'ennuis, j'ai aussi sec rectifié. Un drame comme celui-là, ça laisse des traces. Les retombées seront fâcheuses. Tu connais la mentalité agricole ? J'parie qu'ils éviteront ton rade comme la peste. C'est jamais simple de les attirer, les clients, et encore plus duraille de les rendre fidèles. Mais pour les faire fuir, alors là, la plus petite maladresse suffit. J'dis pas que tu parviendras pas à garder le pilon qui flaconne à croume, mais les autres, les sérieux de l'apéro et du casse-graine… Tu sais c'que c'est…

On parlait de limonadier à limonadier, et je touchais là une corde sensible dans les pensées contradictoires de la grosse. Son petit commerce. Je décidai d'exploiter la veine à fond…

– Ça t'ennuierait de le perdre ton bar, pas vrai ?

Si ça l'ennuyait… Rien que la perspective lui embuait les lampions. Comment elle avait, à force de patience, ménagé les vioques, gros buveurs de vin cuit, tapeurs de carton et totalement rétifs aux machines bruyantes que les placeurs voulaient à tout prix lui fourguer, les prétendant capables, au-delà du fade, d'attirer des nuées de fraîcheur comme l'étron la grosse mouche bleue. Au baby-foot seulement elle avait consenti. Un équilibre précaire qu'un rien pouvait bouleverser. Sans compter que la police dans ses affaires n'allait sûrement pas arranger le trafic mignon qui s'organisait gentiment à l'étage. Les fanfreluches que les jeunes chômeuses du pays venaient y gagner, faudrait désormais les ranger dans le tiroir des souvenirs. Plus y penser. Messieurs les contremaîtres, d'ordinaire si vaillants de cinq à sept ou à la décarrade du déjeuner, ils iraient à partir d'aujourd'hui distraire leurs tunes en ville.

La grosse balança un regard hargneux sur le cadavre de son amant. C'est qu'il allait réduire toute une région à la misère, c't' homme-là !

Je lui laissais le temps de tout bien calculer le passif d'emmerdements que ce crime allait lui coûter. La raison mercantile prenant le pas sur la panique, je la sentais maintenant complètement à ma pogne. On traitait enfin de choses sérieuses.

Elle leva les yeux sur moi, hésitante.

– Vous verriez les choses comment, vous ?

Elle s'est docilement laissée aller, confiante, quand je l'ai prise par l'épaule.

– Ma p'tite Adrienne, j'ai commencé, moi, j'suis d'avis de jamais laisser les gêneurs nous piétiner l'existence. Qu'ils soient vivants ou morts. T'as bien un petit jardin, à l'abri des curieux et des moutards fouisseurs ?

– Y a un verger derrière la maison… Entouré de murs.

Elle m'avait compris et m'emboîtait le pas sans remords. Restait plus qu'à retrousser nos manches avant que le jour se lève…

Je me suis seulement demandé en creusant le trou près du cerisier, là où absolument personne pouvait nous apercevoir, si, avec un engrais pareil, les fruits n'allaient pas être véreux l'été prochain. Il était tellement pourri de son vivant, le Miguel, que je le pensais encore capable de gangrener toute une récolte…

9.

JE N'AVAIS AUCUN TALENT de terrassier mais à la profondeur où je l'avais enfoui, ce fumier, il risquait pas de resurgir avant longtemps. C'était au moins la dernière torture qu'il m'imposait et cette libération toute proche, définitive, me stimulait. La terre détrempée qui s'éboulait sur moi me facilitait pourtant pas la tâche et me confortait dans ma conviction, pas récente, d'éviter quoi qu'il arrive d'approcher tout ce qui ressemble à du travail manuel. Comme tout le monde, jeunot, j'avais un peu tâté de tout avant de trouver ma voie et j'en étais arrivé à la conclusion qu'il valait mieux regarder turbiner les hommes qui bâtissent ta maison plutôt que l'inverse. Conclusion qui ne conduit pas toujours forcément vers un avenir radieux. Je les avais même enviés un moment, les gentils boulots, dans ma cellule de Fresnes... Mais dès la levée d'écrou, je replongeais aussi sec dans le miroir aux alouettes, à chaque élargissement moins sensible aux mirages, toutefois...

Le trou enfin rebouché, maquillé, avec son contenu bien enfoncé profond, moi j'étais vidé, les jambes en flanelle, les biceps en capilotade et les mains en sang. Pire encore, dans un état d'épuisement tel que je ne me sentais plus capable, dans les actions à venir, de faire le tri entre les conneries et les décisions justes. Sur ce point, je demeurais heureusement lucide… Couvert de boue, la démarche incertaine, les cuisses tétanisées, façon zombi, j'ai repris le chemin du rade, commandé dix litres de café à la grosse et me suis collé sous une douche brûlante. Si l'eau parvenait à diluer la gadoue, en revanche, pour le coup de fouet espéré je pouvais repasser. J'obtenais le résultat exactement inverse. Une fatigue considérable m'attendrissait la viande, dissipait le côté nerveux de mon épuisement pour n'abandonner chez l'homme qu'une inextinguible envie de me pieuter. À l'écossaise, basculant le mélangeur, j'ai vainement tenté de me secouer, de me surprendre… Polop ! J'aurais dormi sous un bombardement. De son côté, la grosse n'avait pas pleuré l'huile de coude. Elle s'était pas contentée, comme tant d'autres l'auraient fait à sa place, de me regarder creuser la tombe de son pointeur. Pas chiche à l'ouvrage et consciente qu'aucun nettoyant du commerce parviendrait à absorber tout le raisiné versé, elle avait sans nuance arraché la moquette, enlevé les meubles, briqué et ciré le parquet. J'imaginais pas qu'on puisse totalement gommer si vite les traces d'un assassinat aussi sanglant. C'était maintenant un peu comme s'il n'avait jamais existé, le Miguel. Restait plus, en ce qui le concerne, qu'à prier pour qu'un clébard vagabond vienne pas lui exhumer les os…

– Où est Jimmy ? je me suis tout de même inquiété.

Elle l'aurait quand même pas évaporé avec le reste ? Je l'avais presque aussi oublié, celui-là, pourtant cause de tout. Le spectacle de cette piaule métamorphosée, qu'aucun observateur avisé n'aurait pu soupçonner d'avoir abrité à peine deux heures plus tôt une pareille abomination, me déphasait méchamment. Quant à l'odeur, elle suggérait plutôt l'excès d'encaustique que la boucherie. Tout comme ces lieux d'aisance qui prétendent nous transporter direct dans les îles fleuries le temps d'y déposer une prune.

– Où est Jimmy ?

– Dans mon lit, expliqua Adrienne. Je lui ai donné ses pilules. Il dort.

J'approuvai en silence. Dans l'organisation des heures à venir, Crâne d'Œuf pouvait se révéler le vrai boulet. Mieux valait qu'il dorme… Dans mon esprit, le mépris que j'éprouvais pour la grosse commençait à se dissiper. Elle adoptait, dans des circonstances tout de même un peu difficiles, et sans prendre trois mille avis pour agir, les décisions justes. Cette sagesse doublée d'une redoutable efficacité dans l'action rendaient encore plus inexplicable le besoin qu'elle avait éprouvé de se coltiner au quotidien un traîne-lattes comme le vieux Miguel. Mais le tombeur était canné avec son secret… Y avait plus que les frangines, et encore, pour me l'expliquer.

– Il était connu Miguel ici ? j'ai questionné en redescendant vers le bar.

Elle a haussé les épaules.

– Comme ça… Il sortait pas beaucoup et se liait avec personne. Il jouait de temps en temps aux cartes avec les vieux. Et vers les fins de soirée, bien farci de Picon-orange, monsieur répétait à qui voulait l'entendre qu'il allait pas longtemps croupir ici, qu'il allait vite fait remonter à Paris prendre de la grosse monnaie et qu'il ferait ses adieux à personne…

Je lâchai un bref gloussement. Sa disparition brutale n'allait donc surprendre aucun de ses intimes.

– Il a tout de même pu faire des confidences ? j'ai insisté.

– Ça m'étonnerait ! trancha la grosse. Il avait peur de tout et de tout le monde. Il se méfiait de son ombre. Même à moi il se confiait pas.

La prudence de Miguel arrangeait finalement bien des choses.

– Et les poulets du coin ? Y en aura pas un pour s'étonner de plus le voir ?

Le café était fort et brûlant. Adrienne m'en versa un second bol.

– Ils le connaissaient à peine. Je suis même pas sûre qu'ils se rendront compte qu'il est plus là. C'est pas quand on quitte un bled que les flics s'occupent de vous, c'est quand on y arrive.

Elle parlait vrai, encore une fois. Et le café, d'une amertume roborative, me faisait un bien fou... J'avais enfin franchi le mauvais cap de la nuit. On s'est installés, tous les deux, à la table où, quelques heures plus tôt, Miguel sirotait encore son chiroubles de prétentieux. Adrienne me regardait, sans ciller. Oui, sûrement, elle avait dû être belle puisqu'elle restait presque désirable... En femme d'affaires avisée, elle attendait que je sois parfaitement détendu avant d'ouvrir les hostilités.

– Jimmy vous aime bien... Lui qui d'habitude déteste tout le monde.

– Peut-être...

– Pas peut-être, c'est sûr ! Il vous a à la bonne. Croyez-moi, j'en sais quelque chose. Je n'ai plus cette chance, moi.

Elle baissa la tête, le visage froissé, remuant sûrement de mauvais souvenirs.

– C'est de ma faute, avoua-t-elle dans un souffle. J'aurais dû l'élever comme un garçon normal mais j'ai eu honte... Je n'étais pas mariée... Alors vous comprenez, la punition... Je sais, c'est con... Et Jimmy, je croyais le protéger en le cachant, mais c'est moi que je protégeais... Contre les autres... Leurs regards, leurs murmures, leurs rires... Et puis un jour, il m'a regardée comme un prisonnier regarde son gardien. Il n'a plus jamais cessé de me regarder comme ça.

Elle renifla et releva les yeux.

– Vous allez l'emmener, n'est-ce pas ?

Jimmy avait décapité Miguel pour ça. Je pouvais maintenant difficilement lui refuser. Je devais, à partir de cette minute, plus penser qu'à l'organisation de l'avenir de mon nouveau champion, mais il me fallait avant tout m'en assurer l'usufruit. Le genre mélo que la grosse affectait d'adopter, je l'aimais pas beaucoup. Elle me le servait en prélude au coup de goumi, en amuse-gueule aux prétentions cosmiques…

– Ça dépend, j'ai hasardé.

Elle a aussitôt, sensible à l'appel, embrayé sur le plat de résistance.

– Oh ! c'est pas moi qui vais vous faire des ennuis ! Avec vous, je suis sûre au moins que Jimmy sera bien traité. J'aimerais seulement en avoir des nouvelles de temps en temps…

Un petit mot avec un gros chèque. Naturellement…

Elle insista.

– Le médecin qui s'occupe de Jimmy est un excellent ami, si vous voyez ce que je veux dire…

Je voyais parfaitement. Le toubib, un acharné pointeur comme on en trouve parfois en province, devait calcer la grosse entre deux consultations.

– Il pourrait me faire des certificats de complaisance pour le juge que je dois obligatoirement voir tous les mois…

Dans pas longtemps, elle allait me parler de son vaste grenier, qui lui servait pour l'instant à rien, mais qu'elle pouvait, avec quelques frais, si facilement diviser en coquettes chambres mansardées. Un étage tout à fait exploitable à condition, évidemment, de nourrir la complaisance des pandores... L'agrandissement rendrait tout le monde heureux.

J'ai coupé net à ses rêveries.

– Faudrait encore que Jimmy soit rentable.

Elle a trouvé immédiatement la réplique exacte. Le vrai don des barmaids belle époque.

– Si vous ne le pensiez pas capable, vous ne seriez déjà plus là à m'écouter.

J'ai jeté un coup d'œil vers la vitrine du rade. La nuit pâlissait. On flirtait avec les six heures du matin.

– À quelle heure tu ouvres ?

– Dans un quart d'heure. Les gens se lèvent tôt dans la région. Pour emmener Jimmy, il est préférable d'attendre la nuit prochaine. Pas la peine d'alimenter la curiosité des glandeurs. Vous pouvez dormir ici.

La lueur qui traversa son regard me fit frissonner. Elle n'espérait tout de même pas que j'allais prendre le relais de Miguel jusque dans son plumard ? Outre qu'elle n'était vraiment plus de première fraîcheur, la limonadière, et que j'avais encore l'habitude de me régaler à de meilleures tables, j'étais plus en état de faire des prouesses au trapèze. Au crédit de la galanterie, je pointais zéro.

Mais pour le reste, elle n'avait pas tort. Les vioques du village devaient déjà avoir pris leur quart derrière leurs persiennes, frimant au travers des interstices les premières décarrades de la rue. Embarquer Jimmy endormi dans une Jag portant l'immatriculation d'une région lointaine pouvait intriguer, voire susciter des vocations délatrices. J'avais pas besoin de ça… Je n'avais pas d'autre choix que de faire confiance à la grosse. Je la pensais suffisamment cupide pour pas sottement porter le deuil dès mon premier roupillon.

J'optais pour la solution raisonnable.

– J'peux passer un coup de fil ?

Elle se leva, contourna son comptoir, griffa le combiné posé près du percolateur et le glissa sur le zinc.

– J'peux appeler l'étranger ?

– C'est ma ligne personnelle. L'autre est accroché au mur.

Je composai l'international, puis l'indicatif de l'Irlande. Là-bas, ça sonnait interminable, jusqu'à ce que la voix grasseyante du Grand Abel me résonne dans les étiquettes.

– Abel ? C'est Pierrot !

– Yes…, soupira-t-il.

– J'te réveille ?

– Non, tu parles ! grogna Abel. J'ai l'habitude d'être debout à sept plombes du mat !

– Si j'me suis permis, c'est qu'il y a urgence.

Un instant de silence avant qu'Abel reprenne :

– Qu'est-ce qui se passe encore ?

J'entendais à l'autre bout du fil des bruits de voix étouffés. Depuis que je le connaissais, Abel n'avait jamais couché seul et rarement deux fois avec la même partenaire. À ce rythme-là, il devait déjà avoir épuisé la moitié de la population féminine irlandaise.

– J'ai besoin que tu m'organises une partie dans le Bogside pour après-demain soir.

Abel cracha un juron british.

– Le Bogside ! siffla-t-il. Pourquoi pas à Beyrouth pendant que t'y es ? Y a que des parties de pouilleux là-bas et rien que des mauvais coups à ramasser. Ça se termine régulièrement en baston générale dans ce coin pourri !

– Justement. J'ai besoin de tester un nouveau poulain dans les pires conditions.

– Tester mon cul ! rugit Abel. Tu veux entraîner ton champion à l'abri du regard des professionnels, oui ! Hein ? Et si ton crack déjante, personne n'en saura jamais rien.

Je ne pouvais pas cacher grand-chose à Abel.

– Si tu veux…, j'ai admis.

– Qui c'est ? Je le connais ?

– Non.

– Tu montes plus en flèche avec Elie le Grenoblois ? s'étonna Abel. C'est une bonne lance, pourtant.

– Il n'est pas au courant.

Abel gloussa.

– T'as intérêt à être sûr de ton coup, parce que tel que j'le connais, il acceptera pas longtemps de jouer les doublures, le Grenoblois.

Il commençait à me gonfler, l'exilé.

– Bon… Tu me l'organises ou pas cette partie ?

Abel hésita une seconde.

– Derry, c'est pas trop ma chapelle. J'évite d'y traîner mes lattes. Mais j'vais voir c'que je peux faire. Rappelle-moi ce soir.

10.

UN COUP D'ŒIL à ma tocante m'assura que j'avais dormi bien au-delà du raisonnable. Elle affichait vingt heures. J'avais donc, sans lever un cil en terre étrangère, fait le tour du cadran. Ces marathons de la dorme n'étant plus franchement dans mes habitudes, j'en conclus tout naturellement que la mort de Miguel m'avait fait retrouver le sommeil. J'étais pourtant pas à l'abri des emmerdements... J'avais désormais sur les bretelles un drôle de boulet dont une demi-journée de repos me faisait à présent mieux appréhender la densité.

Jimmy... Jimmy le Mongol. J'en avais rêvé de ce gros branque. Et pas qu'un peu puisque, dans la ligne droite de cet interminable cauchemar, le bébé joli m'arrachait la tête tout comme il l'avait fait avec son précédent père adoptif. C'était peut-être une manie ?

Je persistais déjà plus mollement dans mes projets et j'envisageais même une retraite moins farfelue lorsque Adrienne et Jimmy sont entrés dans ma chambre. C'était la première fois que je le voyais debout, Jimmy. Debout et enrobé d'un costard fantaisie dans les tons verts, totalement gerbeux, qu'on ne pouvait raisonnablement envisager que dans les limites d'un terrain de golf, il ressemblait à un gros bonbon. Le filet de salive qui suintait aux commissures de ses lèvres marquait probablement sa jubilation. Enfin il allait pouvoir le quitter, ce rade pourri ! J'en étais pourtant arrivé à la conclusion, au terme de cette gamberge du réveil souvent porteuse de sages résolutions, que je devais désormais plus m'encombrer de personne. Jamais. Puisque mes malheurs me venaient toujours des autres…

Et tout m'est revenu d'un coup en voyant Jimmy. Abel que j'avais chargé de regrouper du tout-venant flambeur autour d'un quartier naze, la fausse identité complète que j'avais commandée à Paris et Jimmy, Jimmy lui-même, que je ne pouvais raisonnablement plus décevoir après la corrida de la nuit précédente. J'avais tout de même pris des engagements. Je pouvais plus reculer. Le vieux Miguel ne m'avait quand même pas, en cannant, légué sa mentalité de gangrène…

Je me suis enroulé dans le drap pour quitter le plumard. Jimmy me quittait plus des yeux, inquiet presque, comme s'il se doutait de mes incertitudes.

– J'ai fermé plus tôt, a expliqué la blonde. Après le dîner, vous pourrez prendre la route.

Elle paraissait maintenant bien pressée de nous voir

décarrer, cette morue ! La crainte, encore sérieuse la veille, de me voir buter l'intégralité de ce foyer de cloportes semblait s'être définitivement évaporée. Ma Jag, d'un modèle peu courant dans ce trou à ploucs, avait dû dans la journée être sérieusement remarquée. On s'en souviendrait forcément en cas de suif, de cette limousine britannique, étrangère à la région, qu'était restée garée près de vingt-quatre heures en bordure du parvis de l'église.

J'aurais pu, je devais à présent l'admettre, descendre moins identifiable.

– Vous allez emmener Jimmy à vingt bornes sur la route de Paris, j'ai brusquement décidé. Je le prendrai en chemin.

Un peu marle, la blondasse, pas surprise, m'a répliqué qu'elle y avait déjà songé. Question organisation, je pouvais lui rendre quelques points. Elle me précédait en tout et je n'avais même plus l'excuse de la fatigue. J'avais dormi comme un plomb, sans rien entendre des éclats ivrognards du rez-de-chaussée ou des poussées assassines des massacreurs de baby-foot.

Pour achever de me convaincre, sûrement, le gentil mongol s'est avancé d'un pas et m'a tendu sa pogne où dormaient, depuis la veille si ça se trouve, les jolis dés d'Angelo belle gueule.

– Garde-les, môme, j'ai dit. Ils portent bonheur. Et ils sont à toi maintenant…

Depuis que j'avais failli perdre ma fille, je me pensais plus sensible à grand-chose. Dans le registre des devises de bagnards, le célèbre « Rien ne me fait rire, rien ne me fait pleurer » ou, à la renversée, le « Tout me fait rire » paraissaient tout à fait me convenir. Mais le bonheur de Jimmy, concentré tout entier dans ce sourire qui laissait échapper quelques gouttes de salive…

Son poing s'est refermé sur les dés et j'ai dû leur demander de sortir, sous prétexte d'enfiler mes sapes, pour masquer mon émotion.

C'est pas rien le bonheur d'un mongolien. J'ignorais. C'est pas de la joie mesquine, filtrée, contrôlée. Ça ressemble plutôt à un barrage qui cède, une digue qui s'effondre, et le plaisir du môme se rue sur vous comme un raz-de-marée. Et macash pour jouer les blasés, les indifférents que plus rien peut atteindre. Le bonheur de Jimmy, il m'est arrivé comme un méchant direct à la faiblesse du foie, me coupant le souffle pour le compte. Une petite seconde d'osmose où j'ai cru comprendre que l'homme existait bien avant le langage et que les mots, ici, voulaient plus rien dire du tout… J'en venais presque à détester sa mère pour avoir seulement imaginé faire de Jimmy un con comme les autres, suffisant et verbeux, un con qu'elle aurait pu montrer aux autres cons, alors qu'il savait tellement mieux dire ce qu'il ressentait.

Y avait plus à tergiverser. Je ne pouvais plus abandonner Jimmy ici puisque tout le monde souhaitait le voir disparaître. Curieusement, cette décision m'a soulagé. Les conneries, faut être vraiment heureux de les faire, sinon ça vaut peau de balle.

C'est tout naturellement que la grosse pogne malhabile de Jimmy est venue se lover dans la mienne quand on est descendus rejoindre Adrienne à ses fourneaux. Un pâté en croûte et des aiguillettes de canard à la mandarine nous y attendaient…

Facile pétardière, plus aux normes de Renoir que de Coco Chanel, intrigante et sournoise sûrement, je découvrais malgré tout des qualités pas banales chez cette taulière rurale. Sa jaffe, par exemple, était de première. Le vieux Miguel n'avait pas dû se marrer tous les jours, dans cette oubliette sapinesque, mais il pouvait décemment pas prétendre avoir été triché aux heures de repas. C'était en guise de petit-déjeuner que je clapais ces somptuosités arrosées d'un côte-rôtie pas dégueulasse du tout. Je n'aimais plus beaucoup, calquant maintenant davantage mes habitudes sur celles de ma fille, vivre à l'envers, mais là, reprenant même du pâté en croûte, je prenais drôlement goût à ce petit-déj si peu continental. La bonne chère poussant volontiers, c'est bien connu, aux extravagances de la pensée, je me suis imaginé une seconde prenant le relais de l'immonde Miguel, assurant sa succession auprès de la grosse. Je me voyais, le torchon sur l'avant-bras libre, servir le blanc-lime aux michés du matin qui devaient ici encore en pratiquer l'usage, taper le carton aux heures creuses de l'après-midi et soigner ma cirrhose aux interminables apéros du soir. L'image me paraissait si baroque que le sourire m'en est venu connement aux lèvres.

– À quoi vous pensez ? a aussitôt demandé Adrienne.

Fâché d'être pris en flag de délire, je me suis renfrogné et, sans transition, j'ai embrayé sur les petites manies de Jimmy. Elle devait me garder ça pour le dessert, au moment où, légèrement grisé par le frichti, plus rien pourrait venir me décourager. Tout en l'écoutant, je regardais Jimmy, pour qui la fourchette n'avait guère plus d'utilité qu'un ouvrage sur la philosophie du Tao, s'emplâtrer la croque à pleines pognes. Y allait sûrement falloir tempérer ses ardeurs avant qu'il n'entame l'assiette… La grosse Adrienne, à sa façon de parler des « petites crises » de son lardon, me rappelait un vieux pote, Jean-Phi de Toulouse, qui, toute la poulaille de France dans les reins et une demi-douzaine de bandes rivales sur l'alpague, prétendait toujours n'avoir que de « petits ennuis ». Des tracas sans importance qui prêtaient davantage, à l'entendre, à sourire qu'à s'inquiéter. Des vétilles qui lui avaient tout de même rapporté vingt ans de placard, suivis d'une évasion écourtée par trois balles de 11.43 en pleine tête. Les « petites crises » de Jimmy étaient sans doute tout aussi dérisoires…

Je me fiai finalement davantage à la chimiothérapie nécessaire au bon fonctionnement de mon nouveau champion qu'au ton désinvolte qu'affectait d'employer sa daronne pour en parler. Les médicos de Jimmy se divisaient en trois grandes catégories. Le quotidien en gélules bicolores, matin, midi et double ration pour la dorme, qui l'apaisait sans l'ensuquer. L'occasionnel, en pilules rondes et blanches, qui laissait Jimmy à peu près aussi vivace qu'un poireau et qui autorisait une absence sans risque de trois ou quatre heures. Et enfin l'urgence, à la shooteuse intraveineuse, uniquement en cas de crise violente, qui terrassait le petit mongol pour le compte.

On causait de lui, mais Jimmy paraissait s'en foutre. Il terminait, paisible, de lécher son assiette. Je repensais en frissonnant à la façon dont il avait accommodé son beau-père adoptif.

– Et elles arrivent quand, ces crises ? j'ai demandé. Et comment ?

Elle a haussé les épaules, comme si le sujet, déjà, ne l'intéressait plus.

– Quand, on n'en sait rien, elle a grogné, contrariée. Il peut se passer trois, quatre mois sans qu'il en fasse une et nous en péter deux dans la semaine suivante. Mais y a un signe qui trompe pas, facile à repérer. Un quart d'heure avant sa crise, il commence à avoir mal. Il grimace, il gémit, se prend la tête à deux mains…

Elle s'est tapotée le front de l'index.

– Parce que c'est là-dedans qu'il a mal. C'est pendant ses premières douleurs qu'il faut lui faire la piqûre. Après, c'est trop tard...

– Trop tard ? j'ai sursauté. Qu'est-ce qu'il fait s'il n'a pas sa piqûre ?

– Oh ! ça finit toujours par se calmer, mais entretemps il casse tout. Et vous avec si vous essayez de l'approcher, a lâché la grosse en torchonnant son plat d'une boule de mie.

Jimmy a balancé un regard sans joie à sa mère avant de m'observer, inquiet. Au bord des larmes, presque. Ses crises, il paraissait en avoir parfaitement conscience, mais pouvait vraiment rien faire, même pour m'obliger, pour s'en débarrasser.

Revenir en arrière, il n'en était plus question, mais j'me voyais pas beau pour jouer les infirmières. J'allais devoir, et vite, retrousser une nounou pour mon crack. Faute de quoi, dès sa première excentricité, le petit Jimmy allait se retrouver embastillé chez les fondus... Avec tout ce que ça pouvait susciter de curiosité chez les perdreaux chargés de l'affaire. Il était pas si loin sous terre, le vieux Miguel. Et malgré le ton rassurant de la blonde, je devinais qu'il fallait jamais le laisser seul, Jimmy, pas une heure, pas une minute. Le surveiller comme du lait sur le rif. J'avais vingt-quatre heures pour m'organiser. Y avait rien de trop.

À l'arrivée du claquos, seul fromage en vigueur dans la taule, j'ai mis les pouces. J'avais du chemin à faire et des gens à voir. Pour la forme, la grosse a mollement protesté, prétendu qu'elle avait de la mousse au frigo, mais je sentais bien qu'elle n'était pas fâchée de nous voir enfin calter. Je songeai, un brin amusé, qu'elle lui avait peut-être déjà trouvé un remplaçant, au vieux Miguel. Que le coquin attendait avec impatience qu'on mette les bouts pour venir glisser ses pompes sous la table du maître de maison. L'Adrienne, je la voyais pas rester seule bien longtemps. C'était pas le genre…

À peine assis au volant de ma Jag, respirant la bonne odeur du cuir neuf, je me suis retrouvé chez moi. Comme si rien ne s'était passé. Comme si j'y arrivais seulement, dans ce patelin pourri. Je m'étais endormi aussitôt après m'être rangé sur cette place. L'assassinat de Miguel, la grosse blonde, moitié limonadière moitié maquerelle, et l'étrange mongolien qui s'astiquait le chipolata entre deux lancers de dés, tout ça n'était que pure fantaisie de l'esprit. Un rêve prémonitoire qui m'indiquait, bonne pince, les chemins à surtout pas prendre.

En attendant, vingt kilomètres plus loin sur le chemin du retour, ils y étaient bel et bien, mes fantômes, plantés devant leur Peugeot, Jimmy et sa mère. J'avais pourtant souhaité fort ne jamais les y voir.

J'ai collé la valise du petit dans le coffre et la mallette aux médicaments près de moi, sur le siège passager, et j'ai laissé Adrienne embrasser son mouflet. Ça n'a pas paru lui faire plaisir, à Jimmy, ces effusions forcées, un peu trop appuyées. Son sourire, il ne l'a retrouvé que sur la banquette de ma berline quand, par la lunette arrière, il a regardé la silhouette de sa mère diminuer, devenir toute petite avant de s'évanouir derrière le talus herbeux d'un premier virage. On était seuls, désormais, lui et moi. Et les battements exagérément désordonnés de mon cœur me rappelaient ceux que j'avais eus quand, tout môme, j'avais cru bon de ramener chez mes vieux un chaton abandonné… J'étais prêt à lui refiler tout mon trop-plein d'affection au noiraud, comme je l'appelais déjà. Sans moi, dans l'état où je l'avais ramassé (un peu poursuivi aussi, faut admettre), je lui donnais pas deux jours avant de canner de faim, de soif, de tout, ou de se faire écharper par un de ces matous frimeurs, couturés de partout, vindicatifs toujours, qui draguaient assez méchamment dans le secteur. Ils attaquaient même les clébards, ces pirates, alors mon noiraud, dans cette corrida de féroces, je le voyais mal durer.

Je savais, pour les avoir testés sur le sujet, mes parents rétifs à l'animal de compagnie, mais j'avais une belle panoplie humanitaire à faire valoir. Ils ont pas pesé lourd, mes arguments, face au père. Mon père et son budget de misère, calculé au millimètre, où un greffier, si petit soit-il, pouvait décidément pas entrer. Un aller et retour il a juste fait, noiraud, avant de retourner à la cave d'où il était venu et où il a finalement disparu sans que je le revoie jamais.

Je me demandais aujourd'hui si Jimmy pouvait raisonnablement rentrer dans le mien, de budget…

Dans le rétro, je l'ai vu se balancer sans rien dire pendant une centaine de kilomètres avant de s'assoupir et ronfler jusqu'à Paris.

11.

La main de Robert le Rouge, j'en connaissais pas de meilleure. Peu de garçons sérieux pouvaient prétendre s'être fait crever à cause des faux papiers qu'il leur fabriquait. Sa vocation de faussaire lui était d'ailleurs venue sur le tard, tout comme le fanatisme politique dont il feignait d'être atteint, vers 68, quand sa clientèle voyouse est venue se grossir des clandestins de la révolution. Les combattants de l'ultra-gauche lui parurent rapidement plus nombreux et moins mégoteurs sur les tarifs que les braqueurs en cavale. Et sûrement moins infiltrés par les chevreuils de la maison Parapluie aussi. De la gauche prolétarienne jusqu'à Action directe, sa réputation d'artiste devait aujourd'hui s'étendre jusqu'à Tripoli. Ça devait tout naturellement l'amener, ce succès, à réviser ses prix à la hausse. Le discount du balourd, c'était pas chez lui qu'il fallait le chercher, ses tarifs le rapprochant davantage de Fauchon que de la Coop, dans la catégorie épicemard. Ses convictions l'empêchaient donc pas d'engranger un argent fou qu'il prétendait consacrer à une armée de mercenaires occupés à lutter un peu partout dans le monde contre l'impérialisme américain. Ses fameux mercenaires, j'les voyais plutôt cantiner à l'ordinaire du côté de Fresnes ou de Clairvaux, et pour des indélicatesses de tiroir-caisse si ça se trouve.

C'est pourtant à ce curieux personnage que j'avais décidé de confier la nouvelle identité de Jimmy. D'abord pour la qualité de son travail, bien sûr, et ensuite parce qu'il y avait finalement peu de chances pour que l'écho de mes nouvelles excentricités parvienne, par le biais de Robert, là où je voulais surtout pas qu'elles arrivent : dans le Tout-Paris voyou chez qui j'avais déjà pas laissé une dernière impression flatteuse.

Lui ayant amené ses premiers clients, il m'en avait gardé une vague reconnaissance dont le souvenir, sans aller jusqu'à le pousser à m'accorder une ristourne, lui permettait tout de même de m'accueillir en pleine nuit. Avantage qu'il n'autorisait, à l'entendre, à personne d'autre. Pour Robert le Rouge, le meilleur moyen de se fondre dans l'univers des caves, c'était encore d'adopter leurs habitudes. Se pager avant minuit et se lever dans les environs de huit heures. Et, surtout, jamais recevoir du monde dans cette zone horaire où l'honnête est censé récupérer de son labeur.

Il prétendait, le Rouge, que la moitié des fripons se faisaient précisément emporter à cause d'horaires détestables, balancés par des envieux ou des insomniaques, ou retapissés par les nombreux poulets en maraude et que plus aucun embouteillage, à ces heures, ne venait ralentir dans leur traque du rôdeur. Je le trouvais assez sage de raisonnement, Robert, mais franchement utopique quant à l'éducation nocturne des arcans. Ça faisait des siècles que le voyou se couchait à l'aube et se levait juste pour l'ouverture des courtines. Je voyais vraiment pas de raison pour que ça change.

En attendant, après m'être paumé à plusieurs reprises dans les rues désertes de Montreuil où ce tordu avait décidé de crécher jusqu'à la fin de ses jours, j'ai enfin retrouvé sa baraque, un pavillon triste aux volets carmin qui, dans ce boyau mal éclairé à la limite de Romainville, risquait sûrement pas d'attirer l'attention des lardus. Dans ce quartier rongé par le chômage, survivant essentiellement grâce aux trafics des ferrailleurs, et où, de toute façon, le Rouge était honorablement connu de tout le monde, personne s'occupait des activités du voisin. Ça m'a tout de même vaguement contrarié de la trouver tout éteinte, cette maison. Sans la loupiote éclairant une pièce qui aurait au moins prouvé qu'on m'attendait. Et ce qui me gênait encore davantage, c'était de le savoir un brin constipé des étiquettes, mon faussaire. Fallait déjà lui parler fort dix ans plus tôt, je supposais qu'aujourd'hui j'allais devoir sonner le tocsin pour l'arracher de ses rêveries.

À l'arrière, Jimmy, lui, s'était réveillé. Il paraissait pas particulièrement anxieux, simplement attentif à ce que je faisais. Il n'avait toujours pas lâché un mot depuis notre départ. Sous les lueurs du plafonnier de la Jag, là, je mesurais combien il allait devenir encombrant, Jimmy, comment il allait focaliser tous les regards, devenir partout en une seule seconde l'objet de toutes les conversations. Pour passer inaperçu, comme j'aimais tant le faire, je m'étais dégoté un compagnon de première !

Cette nouvelle bouffée de colère n'a duré qu'une seconde, aussitôt désamorcée par le sourire lumineux que venait de m'accorder Jimmy. Un sourire confiant, tranquille, chaleureux comme le ronronnement du noiraud blotti contre ma poitrine. Ce chaton, la loi paternelle, pas tendre à l'époque pour les bouches inutiles, m'avait empêché de le protéger. Pour Jimmy, j'étais seul à décider. Il n'y avait que moi-même pour me trahir…

– On va chez un ami, j'ai expliqué. Il va te prendre en photo.

Jimmy souriait toujours.

Il n'y avait ni sonnette ni interphone. J'ai poussé le portail et, aussitôt, la lumière a jailli sur le perron, par une fausse lampe-tempête de marin. Il donnait dans l'automatisé maintenant, le Rouge ? Dans l'électronique voire, lui que j'avais toujours connu rétif aux gadgets… Je l'imaginais, réveillé par un mystérieux système à l'usage des sourdingues, tapi derrière une de ses fenêtres, nous gaffant remonter, Jimmy et moi, l'allée gravillonneuse de son jardinet. La surdité, pour un méfiant, c'est quand même le handicap qui gâche l'existence.

Je lui étais reconnaissant de n'avoir jamais cédé à la mode du clébard, le féroce de pavillon, berger belge ou allemand, doberman ou bas-rouge, qui aurait ici, profitant des écoutilles paresseuses du maître, becté joyeusement les miches de n'importe qui. Les chiens de garde, il les aimait pas beaucoup, le Rouge, depuis cette nuit où, cassant une villa de prétentieux en père peinard, il s'était fait surprendre par un couple de boxers, des bêtes à concours, dressées pour plus adresser de sommations aboyeuses. Sur le toit, une cuisse entamée et une cheville broyée, il avait attendu sept heures l'arrivée des condés et six mois la levée d'écrou. Il lui en était resté un léger boitillement et un dégoût définitif pour la gent canine. Ça m'arrangeait. Sous la lampe-tempête, exprès pour qu'on me reconnaisse bien, je me suis placé avec Jimmy.

Robert devait se tenir juste derrière la lourde, nous épiant à travers le judas, car il a aussitôt ouvert. J'ai entraîné Jimmy que le Rouge, complètement médusé, cessait plus de regarder. Au passage, il m'a accroché.

– Qu'est-ce que tu m'amènes là ? il a murmuré.

Je remarquai seulement que mon faussaire s'était

enfin offert un sonotone, renonçant pour un temps, au moins chez lui, à ses giries de vieux coquet. Il était tellement fasciné par Jimmy qu'il en oubliait le traditionnel tord-boyaux qu'il offrait à toute heure à ses clients. J'étais d'ailleurs pas mécontent d'en être épargné, de sa bibine infecte dont le fumet de pommes sures vous laissait dans la bouche, et pour longtemps, un goût de tinettes.

– T'as préparé ce que je t'ai demandé ?

En d'autres circonstances, le Rouge se serait probablement froissé de cette question qui mettait en doute sa conscience professionnelle. Mais Jimmy l'intriguait vraiment trop.

– Tout est prêt. Il reste juste à faire les photos. C'est... C'est pour lui ?

J'ai hoché la tête. Il savait bien, avec les coordonnées à imprimer sur les papiers vierges, que je lui avais ventilées au bigo, que ça pouvait pas être pour moi. Je pouvais décemment pas, même par coquetterie, prétendre afficher dix-neuf ans. Le Rouge, c'était pas le genre à poser des questions, même s'il en avait des wagons plein le cigare, et je sentais qu'il m'en voulait confusément de ne pas spontanément, et sans qu'il me force la main, le délivrer de sa curiosité. Vaguement bougon, il nous a drivés jusqu'à son laboratoire.

Docile, Jimmy s'est laissé tirer le portrait sans moufter. Et le temps que les clichés sèchent, j'y ai quand même eu droit, à son vitriol de Normandie. Par politesse, il a aligné trois godets sur la toile cirée

– J'le sers ? il a demandé en désignant Jimmy.

– Non.

Jimmy, il avait autre chose à découvrir du monde que l'infâme chasse-brouillard de Robert le Rouge. Contre ça aussi, je devais le protéger. Tout en trempant une lèvre hésitante dans ma dose de brutal, je me suis mis à rêver d'une averse de napalm qui aurait anéanti tous les pommiers de cette région malfaisante, sans épargner une seule pousse.

Les faux papiers étaient parfaits. Pour peaufiner leur authenticité, le Rouge avait poussé le souci du détail jusqu'à signaler un changement de domicile sur la carte d'identité. Les photos elles-mêmes paraissaient avoir été prises à des époques et en des lieux différents. Jimmy semblait positivement ravi de sa nouvelle peau.

– On va jouer maintenant ? il a demandé.

– Bientôt.

Robert fut surpris de l'entendre parler. La diction de Jimmy, lorsqu'il s'efforçait d'être audible, n'avait certes pas grand-chose d'enviable. Il boulait les mots comme s'il avait la bouche encombrée de chewing-gum ou d'une énorme patate engloutie trop chaude, mais il parvenait à étonner tant les muscles relâchés de son visage paraissaient peu adaptés à la formulation et à l'ordonnance de syllabes cohérentes.

– Jouer à quoi ? n'a pu s'empêcher de questionner le faussaire.

J'allais encore l'attrister en m'abstenant de répondre. Des explications à lui fournir, il me suffisait, sûr, d'en lâcher la queue d'une pour qu'aussi sec il me réclame une démonstration. Démonstration que je ne tenais pas du tout à accorder aux frais de la princesse…

Pour éviter cette pente savonneuse, j'ai aligné la panoplie de balourds, carte d'identité et passeport avec, en supplément pour achever de convaincre d'éventuels esprits chagrins, quelques bricoles du genre carte de Sécu et carte d'invalidité.

– Je te dois combien pour tout ça ?

J'ai pas pu m'empêcher de grimacer en voyant le Rouge dresser les cinq doigts de sa main gauche, plus le pouce de la droite. Six épingles pour permettre au mongol de circuler sous tocs, je trouvais l'addition saumâtre et le prix du photomaton en pleine inflation. Mais j'en avais tellement entendu affirmer : « Le prix s'oublie, la qualité reste », que j'ai pas eu le courage de renauder. De toute manière, marchander avec le Rouge relevait purement et simplement de l'entreprise inutile, de l'effort gratuit, avec, en prime, le risque d'agacer monsieur et de se brouiller à jamais. J'avais pas tant d'amis pour m'autoriser à me fâcher avec les plus utiles.

Si je comptais bien, le p'tit Jimmy avec sa gueule de travers me coûtait en vingt-quatre heures pas loin du bâtonnard sans m'avoir rapporté l'ombre d'une thune. Certains parleraient d'investissement, de philanthropie ou, plus moderne, de sponsoring, et tous les autres de connerie coûteuse. Et dangereuse, j'étais tenté d'ajouter.

En attendant de statuer sur l'avenir de mon entreprise, je me suis allégé de six cents sacs et, prétextant la fatigue, j'ai coupé à la rincette finale que proposait le Rouge pour arroser l'affaire. S'attarder une minute de plus dans cette baraque signifiait un prolongement de bavardages, un nouvel échange de paroles qui en entraîneraient forcément d'autres et nous conduiraient invariablement vers Jimmy.

On s'est serré la pogne. Le Rouge, comprenant qu'il n'apprendrait rien de plus, avait décidé de traiter ma distance par le mépris. Il paraissait maintenant pressé qu'on décambute. Jusqu'à la lourde, il nous a gentiment pilotés, comme un notaire raccompagne ses michetons, et, sur le perron, il s'est contenté, désignant ma Jag d'un mouvement de menton, de me demander :

– T'en es content ?

– Encore assez, j'ai répondu.

Et c'était class.

Le silence du V6 britannique, je l'ai drôlement apprécié sur le chemin du retour, entre Romainville et le mont Valérien où je louais un curieux chalet sur deux étages avec une vue tout à fait reposante sur

Paris et les moutonnements verdoyants du bois de Boulogne. Sur le périf, je roulais doucement, à une allure propice à l'ordonnance des arguments que je me préparais à servir à Charlotte, la nourrice de ma petite Julie, pour la convaincre de s'occuper aussi de Jimmy et, surtout, de nous accompagner dans un périple que j'entrevoyais déjà très international. Techniquement, je n'imaginais pas d'obstacle rédhibitoire. Charlotte venait de passer la trentaine. Elle n'avait pas d'autres attaches que son homme, qui purgeait une peine de vingt ans à la suite d'un braquage qui avait viré à l'aigre.

Un condé au champ des refroidis et un employé à l'hosto avec une dragée mal placée du côté des éponges, le jury, déjà défavorablement impressionné par le pedigree voyou pleine peau du mari de Charlotte, n'avait pas du tout apprécié. À l'unanimité de ces braves gens, le verdict était tombé. Vingt piges de privation de liberté, un quart d'existence de ballon. Et, si je comptais juste, il n'en avait encore couru que deux. Ça laissait pas entrevoir le bout du tunnel, ni pour lui, ni pour Charlotte qui se cognait une fois la semaine l'aller-retour Paris-Clairvaux. Pour visiter un homme qu'elle n'avait plus beaucoup de chances de revoir un jour en état de marche.

En l'embauchant, je lui avais sûrement évité le tapin où sa trajectoire paraissait tout droit la conduire. Nourrie, logée, je lui allongeais cinq cents sacs par mois plus un bonus pour les mandats. Ça me semblait correct et j'étais évidemment tout prêt à rallonger la sauce pour la surcharge de travail, que ne manquerait pas de lui occasionner Jimmy, et pour les déplacements. L'os, car il y en avait un, était ces quelques visites hebdomadaires à son coquin qu'elle allait fatalement devoir sauter. La connaissant calamiteuse dans l'âme, martyre de vocation, ça n'allait pas être simple de lui faire admettre l'exotisme des voyages lointains. Sa mentalité ascétique de barre de fer, qui m'avait jusqu'ici tant arrangé, se retournait aujourd'hui contre moi.

Mais, après tout, le sourire de Jimmy avait failli m'empêcher de buter Miguel. Je voyais donc aucune raison pour qu'il parvienne pas à arracher Charlotte de sa torpeur de bigote, à la détourner du rôle obsolète de vraie femme de voyou qu'elle s'obstinait à jouer comme d'autres entrent au couvent.

De la frivole au clébard fidèle, les caprices de ces dames commençaient sérieusement à me piétiner la prostate. Sur le coup de ce début de colère, mon pied a dû peser sur l'accélérateur et la Jag m'a propulsé jusqu'à mon perchoir en moins de jouge, quasiment sans que je m'en rende compte…

12.

SI J'AVAIS SU, j'aurais été moins pressé de la regagner, ma tanière dans les sommets de Suresnes. L'inspecteur Di Gali, ça faisait au moins deux ans que j'avais pas croisé son mauvais sourire. Sa présence, et celle d'un autre poulet que je connaissais pas, prouvaient des choses peu réjouissantes. D'abord, pour m'avoir logé si vite, que j'étais encore dans le collimateur de ces messieurs, moi qui pensais avoir, dans l'échelle des arcans, atteint un seuil d'honorabilité susceptible de m'épargner les visites surprises, mais ensuite et surtout que le motif qui me les amenait était suffisamment important pour les faire déplacer quasiment au milieu de la noye.

Les sournois se tenaient dans l'ombre d'une porte cochère voisine, davantage apparemment pour se protéger de la vase bruineuse qui recommençait à mouiller Paris que pour se cacher. Ça voulait dire quoi ? Qu'ils n'avaient pas de mandat pour investir ma taule et qu'ils m'attendaient plutôt qu'ils ne cherchaient à m'enchrister à la surprenante ? Quelle qu'elle soit, l'affaire qui les occupait surgissait au plus mauvais moment…

Sur le balcon de ma baraque, Charlotte avait gentiment attaché le foulard rouge destiné à me prévenir que le climat était brusquement devenu malsain pour ma santé. D'ordinaire, et à l'issue de journées moins mouvementées, j'avais l'habitude de téléphoner avant de regagner mes meubles. Charlotte, affranchie, me racontait le microclimat. Et c'est précisément la nuit où le temps virait à l'orage que j'oubliais d'écouter le bulletin météo…

S'il connaissait mon adresse, Di Gali devait aussi savoir ma voiture. Et à cette heure-ci, moins de cinq autos à l'heure remontaient ce quartier paisible. Je doutais pas que les perdreaux aient aussi sec retapissé ma limousine, mais il n'était absolument pas question que ce vicieux de flic fasse prématurément la connaissance de Jimmy. Au lieu de virer à gauche pour enquiller mon garage, j'ai filé tout droit, de l'autre côté de la colline, vers Saint-Cloud…

La nausée de l'homme qui se devine brusquement en cavale m'a plié en deux. Miguel était pas mort depuis deux jours que j'avais déjà la volaille dans les reins. Je cherchais vainement une autre explication à leur venue.

Près d'une cabine téléphonique, je me suis rangé.

Charlotte devait veiller près de l'appareil car, dès la première sonnerie, elle a décroché.

– Les flics sont venus, elle a lancé, d'autorité.

– Et ils sont encore là, j'ai précisé. Qu'est-ce qu'ils veulent ?

– Vous voir.

– Ils ont dit pourquoi ?

– Non. Ils m'ont demandé à quelle heure vous deviez rentrer. J'ai répondu que je ne savais pas, que vous étiez peut-être parti pour plusieurs jours.

Et, évidemment, ils ne l'avaient pas cru une seconde… Ça devenait de plus en plus inquiétant.

– Ils n'ont rien dit d'autre ?

– Non. Je dois aller chercher Julie demain matin chez sa tante. Qu'est-ce que je fais ?

J'ai réfléchi un instant. Julie passait le week-end prolongé chez une sœur de Patricia qui avait toujours eu ma môme à la bonne, faute de pouvoir en avoir elle-même, et dont la dérobade de sa frangine n'avait pas altéré les sentiments. Au moins, dans cette béchamel, j'étais tranquille : ma petite Julie était au frais. Elle risquait pas de voir son daron emporté par les duls.

– Change rien à tes habitudes. Je rappellerai dans une paire d'heures, j'ai finalement conseillé avant de raccrocher.

Je suis resté un moment adossé à la paroi vitrée de la cabine, comme saisi de vertiges. Si j'étais vraiment recherché pour meurtre, à cette heure-ci et avec une

Jag aussi facilement repérable qu'un dragster sur une piste de bicross, entre les voitures de ronde et les motards acrobates en maraude, j'allais pas pouvoir faire deux kilomètres sans déclencher la corrida. Je m'étonnais vaguement d'avoir même pu si facilement rallier Montreuil à Suresnes…

Quand on ne sait rien, c'est bien connu, on imagine le pire. J'échappais pas à la règle. D'autant que Di Gali, qui devait rêver de m'épingler à son tableau de chasse, avait à coup sûr reconnu ma voiture. Cette dérobade intempestive allait renforcer ses soupçons à mon égard. Une vague de révolte m'a secoué la viande. Je ne m'étais encore jamais mis en cavale quand j'étais coupable, j'allais tout de même pas inaugurer le genre aujourd'hui que j'étais innocent ! Planquer Jimmy devenait l'urgence. Sans lui, je pouvais les affronter, ces affreux, et apprendre enfin ce qu'on me voulait ! À une giclée de voiture, je ne voyais guère que Mado la Juive pour m'obliger. Ancienne sous-mac reconvertie dans le cuir et le textile, je lui avais à l'époque épargné quelques avaros et elle devait pouvoir sans problème me garder un rôti au frais. Mais je la savais aussi très curieuse et trop bavarde. Mon Jimmy, je le voyais facile devenir, par l'intermédiaire de cette pipelette du ruban, le sujet de conversation préféré de ces dames. Et j'avais vraiment pas besoin de publicité…

Je me suis brusquement senti seul au monde, paumé comme un touriste à qui un malin vient de chauffer le larfeuille. Je m'en étais pourtant souvent félicité d'avoir largué les amarres avec le tout-venant, voyous, casseurs ou julots, pique-assiettes et frimeurs, poissards toujours avec qui je me sentais de moins en moins d'affinités. Et aujourd'hui, pouvant décemment pas rambiner avec des gens à qui j'avais si souvent fait le coup du mépris, je voyais plus du tout vers qui me retourner. Les quelques solides garçons dont j'avais conservé l'amitié vivaient sur la braise, menacés tous les matins d'une descente des lardus. Je pouvais quand même pas leur prêter un motif supplémentaire pour plonger. Sans compter que je ne coupais pas, pour le coup, d'une explication que je n'étais pas prêt à fournir…

Dans ce moment de flou, j'ai même été taquiné par l'envie de revenir sur mes pas, de rencontrer Di Gali et de lui raconter tout, puisque j'étais coupable de rien. On pouvait tout de même pas m'enchrister pour avoir seulement souhaité la mort d'un mec et avoir vu mon vœu se réaliser ? Ils auraient pas eu le front de voter cette loi de cauchemar pendant mon absence ? Ou alors c'est la moitié du pays qu'ils allaient devoir envoyer en cabane.

Je délirais. Di Gali, c'était absolument pas le genre de flic à se déplacer en pleine noye, sous la sauce de surcroît, pour des motifs de correctionnelle.

De retour au volant de ma Jag, cette vape insidieuse a dû céder quelques points. Des connaissances, j'en avais pas que dans l'univers des arcans et je pouvais encore déranger quelques personnes sans craindre le répertoire des fausses excuses. Le nom de Josiane, la sœur de Patricia qui prenait souvent Julie pendant les vacances scolaires, me vint aussitôt en tronche. Le négatif de sa félone de frangine. Une cavette marida à un gonze stérile dont la profession le conduisait vers d'autres continents d'où il risquait pas, turbinant dans les pétroles, de rappliquer à la surprenante. Ce confort du régulier en balade poussait pourtant pas ma belle-sœur à la glissette. Pas l'ombre d'un amant, nib. Elle se consacrait tout entière à l'éducation des mouflets que la nature lui interdisait de mettre au monde elle-même. Jimmy allait lui mettre le cœur à l'envers. Elle pouvait pas refuser de me le garder, au moins une nuit ou deux... Il m'en fallait pas davantage pour savoir ce qu'on me voulait du côté de la Maison Parapluie et, éventuellement, mettre quelques frontières entre le Quai des Orfèvres et moi...

Je suis retourné en cabine prévenir Josiane de mon arrivée. Je me suis pas étendu. J'ai juste annoncé que je me pointais dans trente minutes avec un petit copain pour Julie... Des questions, elle a eu le temps d'en poser aucune.

Ma belle-frangine perchait du côté de Montmorency, dans une villa casquée à croume où elle gardait les têtards du voisinage en attendant que son homme rallège des confins. Versant discrétion, j'étais tranquille. Josiane connaissait pas un voyou et, honnête jusqu'à douiller ses amendes, elle n'avait pas non plus le palpitant qui sautait une maille à chaque fois qu'elle croisait un kébour. Son honorabilité faisait tout à fait ma balle. C'était toujours pas chez cette conne que Di Gali risquait d'aller fouiner.

Bien sûr, elle pouvait pas me piffer. J'étais rendu responsable de la détestable existence que menait Patricia, la cadette. Je l'avais pourrie cette charmante, corrompue, salie. Inutile de lui préciser que sa sœur m'avait pas attendu pour arrondir son casuel en épongeant le flâneur. Je n'avais fait qu'organiser et rentabiliser sa vocation. Et puis merde ! Je l'avais quand même arrachée des asperges pour la placarder confortable dans la limonade de luxe, leur cher ange ! Et tout ça pour me faire valiser comme un demi-sel… De toute façon, je lui demandais de me garder Jimmy, à Josiane, pas de m'aimer.

J'ai rangé ma charrette devant le pavillon. Jimmy disait rien.

Il a fait sensation, mon petit mongol. Josiane, la moue déjà lourde de reproches, n'en a plus cassé une en l'apercevant.

– Ses parents me l'ont confié pour le week-end, mais je dois m'absenter jusqu'à demain, j'ai simplement expliqué. Julie dort déjà ?

Josiane, abasourdie, a opiné. Elle quittait plus Jimmy des yeux.

– J'vais préparer un lit à l'étage, elle a finalement murmuré avant d'évacuer le salon.

J'esquissai un sourire. Si Jimmy provoquait le même genre de réaction chez les flambeurs, l'oseille allait rapidement changer de fouille. Totalement fascinés par le mongol, ces messieurs allaient se faire raidir sans rien voir de l'origine de leurs malheurs. Couper la chique à cette chieuse de Josiane n'était déjà pas le mince exploit.

Je l'ai regardé, mon Jimmy, planté au milieu du salon comme une pâle copie de Bouddha.

– T'as faim ? j'ai demandé.

Il a rien répondu. En le voyant amorphe comme ça, comprenant pas, si ça se trouve, ce que je lui proposais, j'ai pris conscience que je ne savais pas grand-chose sur mon protégé. À part la posologie de ses drogues, quasiment rien. Même pas s'il allait pisser tout seul ou s'il fallait lui tenir le goupillon. S'il se mettait à licebroquer dans son futal, j'allais vite manquer de rechange...

J'ai foncé dans la cuisine, ouvert le frigo et griffé un pâté de campagne que j'ai, tout en épaisseur, tartiné sur du brichton en tranches.

J'ai posé le tout sur la table, devant Jimmy. Pas de doute, le môme avait la dalle. Il a englouti le toutim en pas trente secondes, avec une telle avidité que j'ai eu les flubes, un instant, qu'il ne se croque les salsifis dans la foulée.

Comme il n'était pas non plus question qu'il pique une crise chez Josiane, je lui ai filé, en pilules blanches, une triple ration de dorme qu'il a poussée sans broncher d'un grand verre de lait.

Je lui ai fait visiter les gogues, mais ça n'a pas paru l'inspirer. Ça faisait tout de même un bail qu'il avait pas lâché son fil, le mongol… Ça devenait inquiétant, cette rétention. Et vu les dimensions du bambin, en cas d'incontinence, je pouvais raisonnablement pas espérer une humidité de nourrisson. Le pageot que Josiane était occupée à bâcher, je commençais à l'envisager façon marécage. Ça n'allait pas la rendre plus gracieuse, ma belle-sœur.

– Tu pisses jamais ? j'ai tout de même questionné.

– Pas envie…, a grogné Jimmy.

Le son de sa voix, dont j'avais oublié les intonations mâchouillardes, me fit sursauter. Le mystère intérieur de Jimmy me filait le vertige : il m'attirait tout autant qu'il m'inspirait de répulsion. J'eus à nouveau cette étrange impression que le petit mongolien comprenait beaucoup plus de choses que ses réactions de légume ne le laissaient supposer.

N'empêche qu'ensuqué par les hypnotiques, il n'allait sûrement pas avoir la force de quitter son plume pour aller se soulager…

– Essaye de pas pisser ailleurs que dans ce trou, j'ai finalement conseillé en lui désignant les chiches que Josiane avait trouvé marle d'ourler d'une lunette en bois verni.

De retour au salon où elle nous attendait, Josiane m'a affranchi :

– J'ai mis son lit près de la chambre de Julie.

J'ai hoché la tête.

– Il a pris des somnifères, j'ai précisé. Je serai de retour avant qu'il se réveille…

J'ai drivé mon poulain au page et, sous les couvrantes, sans le moindre caprice, il a entamé sa nuit. Au bout d'une minute à peine, il en écrasait, confiant. J'avais pas souvenir d'avoir un jour vu quelqu'un s'endormir aussi vite. À part quelques pochtrons à l'apogée de leur biture, peut-être… Devant Jimmy qui pionçait, j'ai mis la tendresse qui m'envahissait sur le compte de la fatigue.

Il est vrai qu'avec tous ces événements, dont le défilé paraissait jamais plus devoir cesser, j'avais pas besoin de pilules pour avoir les cils cassés. Je suis retourné au rez-de-chaussée pour demander à Josiane de me faire réchauffer un demi-litre de café et j'ai mis les bouts avant qu'elle ne se mette, elle aussi, à me poser trop de questions…

J'avais la nuit devant moi. L'esprit brusquement dégagé, au volant de ma Jag, je suis remonté en père peinard vers Paris et j'ai enquillé les quais direction le Sébasto où Mado tenait boutique jusqu'à des heures pâlissantes…

13.

QUESTION MAUVAIS GOÛT, avec les fringues de radasse qu'elle affichait à sa devanture, Mado décrochait la palme. Et pas au deuxième tour ! Du boléro fausse panthère aux cuissardes cuir clouté en passant par les combinaisons moulantes tout en transparence, la panoplie complète lui évitait d'autore le ballottage. J'avais connu sa vitrine un peu moins spécialisée. Je doutais pas qu'une poignée de vicieux vienne régulièrement se taper un rassis devant son bouclard, sous l'imper, rien qu'en frimant les mannequins de son étal. À grands coups de gueule, elle devait les disperser, ces cloportes…

Elle était occupée à saper une jeunesse pour l'hiver quand j'ai poussé sa porte vitrée. Une seconde, j'ai cru qu'elle allait pas me reconnaître tant le regard qu'elle a levé sur moi s'attardait dans les lueurs vindicatives. Les années ne m'avaient pas plus épargné qu'un autre, mais j'avais tout de même pas changé à ce point-là… Ou alors, au plumard, je l'avais nettement moins régalée qu'elle ne l'avait à l'époque prétendu…

Elle s'est levée brusquement, abandonnant sa cliente quasiment à loilpé.

– Pierrot ? C'est toi ? elle a demandé avec sa voix qui plongeait dans les octaves tabac-champagne.

– C'te bonne paire ! je me suis exclamé, joyeux. Y en aurait deux comme moi.

– Ça risque pas ! elle a gloussé.

D'un regard appuyé, j'ai fait comprendre qu'un témoin à nos retrouvailles s'imposait pas. Pas duraille au serbillon, Mado a gentiment congédié sa cliente d'une petite claque au valseur qu'elle venait d'enrober d'un carré de satin noir et or. Une blonde mignonnette, douce et timide, pas encore durcie au turbin. Elle m'a salué d'un regard et d'un sourire avant de riper du bouclard pour rejoindre la froideur du ruban. Sa douceur, elle allait pas la garder longtemps face aux fantaisistes qui devaient déjà lui réclamer leur fessée hebdomadaire, la petite gâterie du gode dans le fignedé, qu'on choisira de préférence dans les modèles monstrueux, les menottes, la soupe et le toutim… Le complet registre des vicelardises anonymes.

Mais de quoi je m'occupais ? J'avais déjà pas assez de mon avenir, qui s'annonçait pourtant pas ensoleillé, pour me pencher sur celui des bourgeons du bitume ?

– Joli petit lot, hein ? m'a surpris Mado, l'œil malicieux.

Froissé d'être pris en flag de vague à l'âme, j'ai haussé les épaules, comme si, atteint par la limite d'âge, le sujet m'intéressait plus.

– Ouais, de toute façon c'est pas pour ta pomme, a renaudé Mado. c'est p't'être mignon mais c'est maqué chez Allah et fils. Ces demoiselles succombent au charme exotique…

– Y a dix tu me sortais déjà ce genre de salade, je l'ai arrêtée tout de suite. Des Arabes, t'en vois partout, toujours. Tu serais pas encore victime d'une idée fixe ?

Pas question de laisser aller cette furie à ses fantasmes protectionnistes. J'en avais ni le temps ni l'humeur. Dans pas cinq minutes, si j'endiguais pas le flot, elle me donnerait son point de vue sur la révolution des pierres, sur Kadhafi et la méforme persistante des petits julots du terroir. Je devais surtout pas oublier que j'avais les poulets dans les reins et un drôle de bambin à loger pour les nuits prochaines. Une paille. L'heure se prêtait pas à la nostalgie.

Devant le changement de ton, Mado s'est légèrement braquée, est devenue soudainement attentive, méfiante. J'ai désamorcé aussi sec en désignant les frusques d'un geste large.

– La dernière fois que j'suis venu, tu faisais encore dans le renard argenté, j'ai fait remarquer. La bottine en chevreau et le chemisier en soie. J'vois que les temps ont changé.

– La dernière fois que t'es venu, y avait encore des hommes qui habillaient leurs femmes, a grogné Mado. Ça fait un bail. Aujourd'hui, ça serait pas les poulets qui traquent le trop voyant, ces dames travailleraient en Saint-Jean, avec juste le porte-jarretelles pour attirer le micheton. Et si on les laissait faire, c'est même sur le trottoir qu'elles épongeraient le client, rien que pour économiser le prix de la carrée. Quand on laisse l'étranger s'épanouir, faut pas s'étonner du chanstique des mentalités.

J'ai lâché un discret soupir qui lui a pas échappé.

– Mais t'es quand même pas venu me voir pour me parler de mon stock ? elle a enchaîné. Me dis pas que t'as des pelures à fourguer ? J'en ai plein ma cave !

Me planquer chez cette furie et envisager de lui confier Jimmy, c'était peut-être pas l'idée lumineuse… Mais je ne pouvais plus reculer. J'avais trop besoin d'un endroit où me poser, histoire de mettre un peu d'ordre dans un univers qui semblait depuis quelques jours complètement pris de folie.

– C'est bouillant chez moi, j'ai lâché. J'ai besoin de disparaître un ou deux jours.

Mado, malgré ses berlues sur le Maghreb, ça a toujours été la femme de poids. Ses amis, anciens ou présents, elle a jamais envisagé une seconde de les abandonner à un sort défavorable.

– T'as frappé à la bonne porte, elle m'a aussitôt

rassuré. J'viens de déménager et j'ai du mètre carré à plus savoir qu'en foutre. C'est Marco de Montreuil, que t'as dû connaître, qui s'est lancé dans l'immobilier. Il m'a fourgué cette crèche, à deux pas d'ici, au blot de la banlieue. Note bien que cinq pièces, j'en ai pas l'usage, mais j'pouvais pas manquer l'occase. Tu peux t'y installer et rester le temps que tu voudras.

Je me suis raclé la gorge.

– C'est que… Si t'acceptes de me planquer quelques jours, je serai pas seul.

L'œil de Mado s'est mis à pétiller. Elle aimait bien savoir ses anciens amants toujours armés question polkas. Comme si ça l'ennuyait d'avoir partagé, ne serait-ce qu'une nuit, le plumard d'un mec que personne d'autre qu'elle songerait à s'envoyer. Elle en concevrait de l'amertume et prendrait, sûr, la singularité pour une grave faute de goût.

– Je la connais ? elle a minaudé.

– Faut que tu me promettes le secret absolu…

– C'est une vedette ? a insisté Mado, avide d'un coup.

– C'est pas une femme, j'ai rectifié. C'est un môme et je risque vingt piges sur cette gaminerie. Alors personne d'autre que toi et moi doit savoir.

Son visage s'est chiffonné brusquement. Elle m'a regardé comme si je venais de lâcher une louise, en sournois.

– Dis, Pierrot, tu…

J'ai secoué la tête.

– C'est pas à mon âge que j'vais me lancer dans le kidnapping. Ça n'a jamais été dans mes manières, tu le sais.

Je m'abstins de lui préciser que j'en avais plutôt été victime, des ravisseurs d'enfants. Et que tout mon malheur venait de là… Mais moins Mado en savait, moins elle pourrait en raconter.

– Et ce môme ? Il a un rapport avec tes ennuis ? elle a demandé, pas convaincue.

– J'en sais rien, justement… J'ai deux poulets, dont un féroce que je connais, qui planquent devant ma lourde et j'vois aucun motif qui justifie cet honneur…

J'imaginai une seconde le vieux Miguel en train de se dissoudre sous la terre humide du jardinet de la Vosgienne. Il en faisait pourtant un fameux, lui, de motif pour m'embastiller… et pas pour un sapement de voleur de poules.

Mado m'avait refilé les caroubles de son nid d'amour. Elle devait me rejoindre une heure plus tard, le temps de fermer le magasin et de regrouper deux ou trois mauvaises payeuses qui jouaient les glissantes du côté de Réaumur. J'étais pas pressé de la voir rabattre.

Elle vendait peut-être des harnais de dentelles, Mado la Juive, mais question meubles elle s'outillait pas chez Deux Sous. Le mouluré Louis XV, façon précieux, s'assurait l'exclusivité de la taule. Ça me faisait drôle d'imaginer Mado évoluer dans ce décor ministériel.

J'évacuai, fâché, le petit pincement d'envie qui venait de me surprendre. Sur la ligne de départ des arcans, je m'étais pourtant aligné sans handicap avec Mado, et, rien qu'au poids du bois ouvragé, elle m'avait collé quelques encolures dans la vue. J'en étais encore à grenouiller dans le sordide, harcelé par la rousse, quand Mado la sous-mac s'installait à trois longueurs de Beaubourg dans des volumes qu'un directeur de la Banque de France devait pouvoir lui envier. Parce que, question surface, elle m'avait pas berluré non plus. Pourtant pas facilement impressionnable sur les dimensions d'une volière, je m'égarais ici dans les vastitudes. On pouvait, et sans tirer au millimètre, installer quatre billards dans chaque pièce et sans doute même une piste de bowling dans la plus grande des cinq. Le négoce des peaux de morues pouvait quand même pas rapporter tant que ça ? Et moi qui pensais être rangé des voitures avec mon bar à putes, ma cabane à Suresnes et mon petit portefeuille éreinté par les convulsions de la Bourse… J'allais prêter à rire si j'osais le prétendre à haute voix.

Bizarrement, tout ce vrai luxe qui m'environnait m'a flanqué le bourdon. Je me suis effondré dans un fauteuil, comme assommé, victime d'un de ces coups de flou qui attisent les regrets, vous font penser que, tout au long de l'existence, vous n'avez pris que les mauvaises décisions et que les chances de voir enfin le vent tourner diminuent comme une peau de chagrin… Avec en point d'orgue l'amère sensation de n'être arrivé au bout du compte qu'à la position peu enviable d'un homme sur le point de tout perdre : ses biens et sa liberté.

C'est l'image de Jimmy qui m'a affranchi de cette vape infernale. C'était vraiment pas le moment de flancher. Jimmy comptait sur moi au moins autant que je comptais sur lui. J'avais plus le droit de décevoir.

Ces derniers relents de morosité n'ont pas résisté à une triple ration de bourbon, salutaire médication que Mado, prévoyante, engrangeait en quantités industrielles.

De retour au salon, mon verre à portée de pogne, j'ai commencé par tuber à Adrienne, sous le prétexte un peu tardif de me rencarder sur les habitudes hygiéniques de Jimmy, mais surtout pour savoir si l'assiduité des perdreaux ne venait pas d'elle. Je l'imaginais pourtant mal me balancer avant d'avoir au moins palpé ses premiers pourcentages sur les gains du petit mongol…

Au bout du fil, ça sonnait interminable.

Son lardon en nourrice, son coquin à peine refroidi, que madame découchait déjà ? À moins qu'au plus profond de la ronflette elle ne néglige le carillon…

J'ai appelé chez moi. À la deuxième sonnerie, Charlotte a décroché.

– C’est moi, j’ai dit. Ils sont toujours là, les affreux ?

Elle a pas eu le temps de répondre, Charlotte. J’ai entendu du barouf, à l’autre bout, et la voix de Di Gali a grincé dans l’écouteur :

– Ouais, ils sont toujours là ! T’aurais des choses à te reprocher pour nous filer sous le pif comme ça ?

Cueilli à froid, j’ai manqué de toc.

– Qui me parle ? j’ai bafouillé.

– Inspecteur Di Gali, mon joli ! s’est exclamé l’horrible.

– Et qu’est-ce que vous foutez chez moi en pleine nuit ?

– On cherche un assassin, p’t’être même plusieurs.

– Vous vous gourez d’adresse, j’ai répliqué. J’ai jamais tué personne.

– Toi, peut-être pas, s’est marré Di Gali. Mais y a un certain Yann Carone qui affiche déjà une dizaine de viandes froides à son palmarès. Toutes égorgées à mains nues. Tu te rends compte d’un phénomène ?

– Jamais entendu causer de ce nom-là ! je me suis énervé. Et ça m’explique pas ce que j’ai à voir avec toutes ces conneries et ce que vous maquillez chez moi ! Vous avez un mandat j’espère ?

– Tu vois comme t’es ! Tout de suite tu t’énerves… Moi qui venais comme qui dirait pour te protéger. Ce Carone, il était interné chez les agités avant de se faire la valise en butant quatre membres du personnel de l’hosto. Il s’est évadé avec la complicité d’une infirmière, une grosse blonde qui vivait à la colle avec une de tes relations : le vieux Miguel, tu connais ?

J'ai rien répondu.

– Bref, a repris Di Gali, on a réussi à localiser le nid de ces néfastes, mais un poil trop tard. Les oiseaux s'étaient envolés. Ils s'étaient planqués dans un bar de village dont ils avaient buté les proprios. On les a retrouvé dans la cave, en morceaux. Le puzzle horrible, tu vois. Un gentil couple de petits vieux d'après les habitués. Mais attends, c'est pas tout ! Tu vas rire. Tu sais pas qui on a découvert dans le jardinet derrière le bar ?

Je commençais à avoir la chair de poule.

– Le vieux Miguel ! a pouffé l'affreux. Coupé en deux lui aussi. Faut croire qu'il avait cessé de plaire.

– Miguel, si c'est bien du même qu'on cause, ça fait plus de six piges que j'l'ai pas vu.

– Comme tu voudras, a soupiré Di Gali. Mais fais gaffe quand même. On a aussi retrouvé son carnet d'adresses, au vieux Miguel. Y avait la tienne entourée de rouge. Comme celle du bar était soulignée aussi, j'me suis dit qu'il était pas impossible que tu reçoives de la visite. Faut que tu comprennes que la grosse blonde et son lardon, c'est le duo des sinoques, des tueurs de la pire espèce. Ils bandent pour le sang…

– C'est gentil de me prévenir, j'ai murmuré d'une voix blanche.

– Si tu les croises, oublie surtout pas de m'avertir,

a terminé l'inspecteur. Carone, c'est le plus dangereux. Le vrai dingue. Tu peux pas le confondre, c'est un mongolien. Et d'après nos derniers renseignements, ces deux fondus se seraient trouvé un nouveau complice à la place de Miguel. Un type qui les aurait aidés à se tirer du village dans une Jaguar tout à fait pareille à la tienne…

J'ai raccroché. Chez Mado, brusquement, il faisait froid…

14.

JE MÉRITAIS aucune circonstance atténuante. Comment qu'ils m'avaient possédé, les ignobles ! Mais ça devait pas pouvoir exister des comédiens pareils ? Jusqu'à l'os ils m'avaient vaseliné ! Les sournoiseries de Miguel, c'était rien que des enfantillages à côté des plans tordus de ces deux malades… Que, si ça se trouve, l'assassinat de Miguel était prémédité. Et j'avais coupé en plein dans leurs singeries. Je revoyais la grosse Adrienne, cette salope, jouer son rôle de limonadière alors qu'elle venait de déquiller les vrais tauliers. Je l'entendais encore me supplier de buter son gosse. Pour la mise en scène, ils avaient pas turbiné dans la dentelle, les Carone mère et fils. Je doutais pas une seconde qu'ils y aient pris goût, à cette pièce sinistre, qu'ils s'amusaient en me promenant à fignoler le petit détail authentique. Pas de doute, j'étais tombé sur des orfèvres en matière d'entuberie.

Si le but de l'opération m'échappait encore, j'entrevoyais les funestes conséquences de ma naïveté. Le duce de Di Gali au sujet de la Jaguar n'était pas tombé dans l'étiquette d'un sourd. Pour ce fumier, j'étais complice du duo sanglant. Mais cette méprise, bien dans les manières de la volaille, n'était que le cadet de mes soucis. Je n'avais plus qu'une image en tronche : celle de Jimmy, le mongol, alias Yann Carone, Jimmy le tueur fou qui pieutait à quelques mètres de ma petite Julie... J'avais moi-même conduit le boucher auprès de ses prochaines victimes ! Livré ma propre fille à ce carnassier, à ce forcené de l'égorgement !

Mais l'accablement devait pas plus longtemps m'empêcher de réagir. J'avais encore une voiture, un calibre et la colère pour plus hésiter du tout à m'en servir. Les tueurs pouvaient raisonnablement pas se douter que Di Gali m'avait involontairement affranchi de leur manège. Ils devaient se croire peinards pour la noye. Ça me laissait quelques heures pour les empêcher de nuire.

J'ai repris le turlu et composé le numéro de Josiane. Ça sonnait occupé. Mais à qui elle pouvait bien tuber à cette heure de la nuit, cette morue ? Fou de rage et de désespoir, je l'ai recomposé trois fois, ce numéro maudit, sans rien obtenir de plus que ce bip-bip qui me martelait le cigare. Je perdais un temps fou. Et qu'est-ce que j'allais bien pouvoir lui demander, à Josiane ? De barricader Jimmy et d'emporter Julie loin de la baraque ? Le temps qu'elle comprenne, j'avais aussi vite fait de m'y propulser directement...

Après un dernier essai téléphonique tout aussi infructueux que les précédents, j'ai enfoui mon calibre dans la fouille de mon veston et j'ai quitté le palace de Mado. Sans laisser d'explication.

Dans la foulée, j'aurais pu m'engouffrer dans la Jag sans apercevoir les deux motards en planque au coin du carrefour. Un carrefour sans feux de signalisation, trop tranquille pour justifier leur présence. Ils attendaient qui ou quoi, ces deux pantes ? Leur radio crachouillait en sourdine des informations que j'entendais pas.

J'ai dépassé la Jag, sans m'émouvoir, recouvrant devant le danger des réflexes de voyou que je pensais depuis longtemps avoir égarés.

Un peu plus loin, trois autres poulagas stationnaient dans une Renault banalisée. Celle-là, je pouvais encore espérer lui semer du poivre à la régulière, mais pas question de prétendre décrocher les deux acrobates. Je suis remonté à griffes vers la porte Saint-Denis, plus déponé que jamais. Les bourres avaient repéré ma charrue et attendaient peut-être que je les drive jusqu'aux tueurs… Désormais persuadé entre deux idées de choisir toujours la plus merdique j'ai évité de songer à conduire les poulets à Montmorency. Si je ne réglais pas d'urgence mes problèmes moi-même, je ne coupais pas de l'inculpation de complicité. Je pouvais compter sur Di Gali pour soigner mon dossier aux petits oignons. Le curieux n'aurait pas à le relire trois fois pour me tailler un costard pour la dizaine d'hivers à venir. Le pétard que je trimbalais dans mon veston pouvait pas non plus plaider en ma faveur…

Son contact un peu froid, au bout de mes doigts, m'a rassuré.

À cette heure, pour dégoter un loche partant pour Montmorency forêt, ça n'allait sûrement pas être de la myrtille. Les sapins, je les fréquentais plus beaucoup, mais je les savais de plus en plus délicats sur l'itinéraire. Les banlieues leur filaient de l'urticaire et fallait, à certaines heures, quasiment les conduire en bas de leur perchoir pour qu'ils acceptent de charger le client.

Trois gondoles stationnaient dans la file. Comme prévu, le premier, un vioquard occupé à traquer l'outsider dans les colonnes du Turf, m'a envoyé rebondir. Malgré le rif qui commençait à me saisir, j'ai pas insisté, l'état de sa caisse me laissant pas supposer une mécanique capable de nous faire franchir le périphérique avant l'aube. Je me suis dirigé vers le deuxième, un noirpiot qui somnolait au volant d'une Mercedes.

Cette fois, je me suis installé d'autore sur la banquette arrière.

Le driver, arraché de ses rêveries, a sursauté et a plongé sur son rongeur.

– On va où, chef ? il a demandé, rigolard.

– À Montmorency, j'ai répondu. Je paye le retour

et un joli bouquet si tu décolles pas le pied du plancher.

Le loche s'est retourné, hilare.

– C'est où Montmorency ?

J'ai exhalé un soupir, déhotté et ouvert la portière avant. Le chauffeur me regardait comme si un paf monstrueux venait de me pousser sur le front. Je lui ai tendu un bifton de cinquante sacs, un pascal bien craquant.

– Pousse-toi, j'ai dit. J'vais conduire.

Il a louché sur le talbin avant de murmurer d'une voix hésitante :

– J'ai pas le droit…

Ils commençaient à me courir, tous ces nuiteux frileux, grappilleurs de copeaux. J'ai discrètement collé le canon de mon colt sur la pomme d'Adam du driver.

– Et avec ça, t'as le droit ? j'ai grincé.

D'un bond, mon pilote s'est retrouvé sur le siège passager. Je me suis installé au gouvernail.

– Avec ça, c'est toi qui as tous les droits, a bafouillé l'autre pendant que je déboîtais de la station à toute vibure. Le billet, j'peux quand même l'avoir ?

J'ai balancé le pascal sur ses genoux.

– T'auras son petit frère si tu te tiens peinard.

Pas compliqué, mon loueur de voiture a enfouillé le bifton et s'est cramponné à sa ceinture devant les allures de compétition que je commençais à aborder dans les rues de Paris. Il devait se demander, le pauvre biquet, si, parvenu dans les ruelles de banlieue, j'allais pas le buter pour reprendre mon oseille et griffer sa caisse. Je le sentais prêt à tenter une bêtise au premier ralentissement…

– Si tu préfères descendre, dis-le, j'ai prévenu. Pas la peine de te froisser une épaule en sautant en marche…

– Ça risque pas. La bagnole est pas à moi. J'l'ai empruntée à un cousin qui est resté au lit avec la fièvre. J'ai même pas la licence…

Un marrant.

– Et tu te fais un peu de pognon en jouant les taxis, j'ai rigolé. T'as le permis au moins ?

– Pour quoi faire ? J'sais conduire.

Sans plus moufter, j'ai tracé jusqu'à Montmorency, au moins rassuré sur un point : mon chauffeur risquait pas de porter le deuil…

Pendant la deuxième moitié du trajet, sans doute pour juguler sa trouille, il s'est un peu épanché, mon p'tit bricolier. Il disait s'appeler Sony, comme le fabricant de téloches, être le cinquième d'une guirlande d'une douzaine de moujingues et jouer du saxo toutes les nuits dans une boîte baptisée *Les Trottoirs de Buenos Aires* dont j'avais vaguement entendu parler. Il se racontait, Sony, me disait ses misères, ses petites bigornes avec le quotidien d'une existence qu'on lui avait pas tracée dans le velours. Je disais rien. Je l'écoutais comme un autoradio, en bruit de fond, l'esprit tout entier concentré sur ma Julie que je devais absolument sauver du massacre.

La Mercedes vibrait comme un robot-mixer. Rodée aux embouteillages, aux trajets de gastéropodes, je la décrassais méchamment.

– T'es si pressé que ça ? s'est aventuré Sony dont le visage virait au grisâtre.

– J'ai prêté ma petite fille à un tueur, j'ai simplement lâché.

Sony m'a regardé un instant avant de retourner à l'asphalte qui défilait follement sous nos roues. Pour lui, il ne faisait plus de doute que j'ondulais du bigoudi. Et drôlement. Des originaux, il en connaissait des brouettes, mais, à partir de cette nuit, j'allais prendre toute la place dans ses souvenirs.

Comme une bombe, j'ai traversé la forêt de Montmorency avant d'enfin lever le pied en enquillant le lotissement où créchait ma belle-sœur. J'ai pilé sec avant que Sony ne se mette à trop gamberger.

Il a ouvert la bouche, comme s'il manquait d'oxygène.

– Tu vas pas me…

J'ai regardé la maison de Josiane, toutes fenêtres éteintes.

– Ça te dirait de m'attendre pour cent sacs de mieux ? j'ai demandé en glissant un nouveau pascal sur les genoux de Sony.

Sony hésitait en se mordillant l'intérieur des joues.

– C’est que j’aimerais pas trop tirer sur ma chance…, il a murmuré.

– Comme tu veux, j’ai fait en ouvrant la portière. Salut Sony.

Je me suis pas retourné.

Elle me paraissait plus du tout aussi accueillante que la première fois, cette villa de catalogue. Mais qu’est-ce que j’espérais ? Un spectacle son et lumière ? Le silence et toutes les pièces plongées dans l’obscurité auraient au contraire dû me rassurer. Tout le monde ici semblait en écraser. Josiane, Julie et Jimmy. Ce Jimmy pour qui je m’étais surpris à éprouver de la tendresse et qui ne m’inspirait plus que de la haine…

J’entendais pas un bruit. Je me suis approché de la lourde que cette bonne Josiane avait dû brider à double tour. J’allais devoir m’annoncer d’un coup de carillon… Je m’apprêtais à le faire lorsque j’ai gaffé, sur la droite de la façade enlierrée, un volet en espagnolette. De mon époque casseur, il devait fatalement me rester quelque chose. Si rien de sinistre ne s’était encore passé, comme je commençais à l’espérer, j’allais devoir fournir à Josiane quelques explications sur cette entrée de balluchonneur. Mais les curiosités de ma belle-sœur, j’en avais vraiment rien à battre. J’avais qu’une urgence en tête.

Du canon de mon colt, j’ai soulevé le loquet du contrevent. Derrière, la luisante était fermée. D’un coup de crosse enchiffonné, j’ai envoyé le carreau à dame. Les morceaux de verre ont résonné vilain sur le carrelage. J'ai poussé le battant et, d'un bond, sauté dans le salon.

J'ai marqué un temps d'arrêt, laissant mes lotos se faire à l'obscurité. Cette fois, le silence devenait inquiétant. Le fracas du verre brisé aurait au moins dû réveiller Josiane, dont je savais le sommeil délicat. Je l'imaginai dressée sur son page, le front déjà en sueur, épiant un nouveau bruit.

Julie…

J'ai foncé dans l'escalier, avalé l'étage et repoussé à la volée la porte de la chambre où Josiane faisait dormir ma petite fille. Sans autre souci de discrétion, j'ai fait jouer les calbombes. La lumière est tombée en plein sur le plumard vide. Une pogne de glace m'a crevé l'estomac. Je bafouillais des mots sans suite. J'ai dû hurler, aussi.

Je me suis rué dans la piaule de Jimmy. Vide. Plus de Julie, plus de Jimmy. Je devenais fou. Je tremblais comme un barbiquet au seuil de son premier braquage.

Dans la carrée de Josiane, il y avait quelqu'un. Allongé sur le page. Une femme. Absolument décapitée.

15.

UNE POINTE D'AIGREUR m'a envahi l'évier. Je me suis détourné pour lâcher un renard, une maigre fusée tout en bile qui me rappelait que j'avais pas becté depuis des lustres. C'était pourtant pas le moment de manquer de forces, de flancher tel un champion de la petite reine victime d'une fringale à l'amorce d'un raidillon. Tremblant toujours de peur et d'un froid qui m'attaquait de l'intérieur, je me suis approché du cadavre dont le raisiné avait terminé de rougir les torchons.

Un macchabée sans tête, c'est vraiment la chose horrible. Il y avait, dans ce tableau atroce, quelque chose de sacrilège. Comme un bonus offert à la mort, un turbo dans l'épouvantable. La tête d'ailleurs manquait à l'inventaire mais le côté farce m'échappait complètement.

Je l'avais jamais vraiment aimée, Josiane, avec ses magnes de parvenue et sa mentalité d'acheteuse par correspondance, mais elle méritait pas cette fin de viande sur pieds. Elle adorait Julie et, à mes yeux, ça excusait tout le reste. Le croisement de nos deux mondes lui avait été fatal…

J'étais même plutôt surpris de la découvrir dans une nuisette coquine dont les transparences me semblaient familières. Ce côté « déjà vu » de la dentelle, j'en ai eu confirmation en découvrant la théière de la malheureuse, de l'autre côté du plumard où elle avait dû rouler.

C'était pas Josiane.

Mais Patricia…

Les cannes en flanelle, j'ai observé la tête de mon ex-régulière, figée dans un rictus terrible, pas naturel du tout. Je comprenais mieux à présent le manque de curiosité de Josiane, d'ordinaire plus prolixe en questions. Patricia se planquait ici, chez sa frangine. Ce qui expliquait aussi l'insistance de Josiane à accueillir Julie tous les week-ends. Elles avaient dû drôlement baliser, les sœurs complices, en apprenant ma visite impromptue, et Josiane sûrement soulagée de me voir mettre les bouts aussi vite.

Une nouvelle envie de gerber me taraudait mais j'avais vraiment, dans l'estome, plus rien à essorer. Des spasmes infiniment douloureux me remuaient le buffet. J'ai quitté la carrée, la démarche incertaine mais la pogne bien refermée sur la crosse de mon colt.

En bas, dans le salon, quelqu'un venait d'allumer les lumières…

À vrai dire, je ne pouvais pas prétendre être surpris en découvrant Adrienne, confortablement installée dans un fauteuil cuir, un verre de scotch à la main. Son visage, débarrassé de son maquillage de bordelière, paraissait plus dur, avec une espèce de lueur folle dans le regard qui me mettait mal à l'aise. Y avait un océan entre la limonadière des Vosges, soi-disant cramponnée à son petit négoce, et cette femme-là. Elle me semblait même plus grande. Je me remémorai, mais un peu tard, la vigueur qu'elle avait déployée lors de la mise en terre du vieux Miguel, de son sang-froid, de sa célérité pour nettoyer toute trace du massacre… Elle n'appartenait pas à une bistrotière de village, cette force-là.

Je l'ai aussitôt braquée. Elle a éclaté d'un rire féroce.

– Vous savez que Jimmy et Julie s'entendent à merveille ? elle a sifflé.

Mais pourquoi je les avais pas tous butés tout de suite, ces chancres ? La mémoire douloureuse, je me souvenais avoir hésité longuement à le faire. J'aurais pu, si je n'avais pas encore une fois versé pour le choix merdeux, soulager l'humanité d'un vrai fléau…

– Où est Julie ? j'ai demandé.

C'est une question que je commençais à poser souvent. Trop souvent.

– Avec mon fils, a naturellement répondu Adrienne. Oh ! c'est pas mon vrai fils, bien sûr ! Mais pour lui, c'est tout comme. J'suis la seule à lui faire confiance. Il a besoin d'amour, ce petit… D'amour !

Elle s'est fendue d'un long rire hystérique.

– Et il devrait pas dormir, Jimmy ? j'ai insisté.

– À cause des petites pilules ? a gloussé l'atroce. Du placebo. De la pure saccharine. Et si vous me donniez ce revolver ?

Je me suis enfin rendu compte qu'elle était ivre. Ivre d'alcool, certes, mais grisée aussi d'une sorte d'hystérie quotidienne qui imprimait au whisky qu'elle éclusait un effet synergique. Je la devinais capable de tout. Et surtout du pire.

– Non, j'ai dit.

Elle a haussé les sourcils.

– Vous savez que je n'ai qu'un cri à pousser pour que Jimmy arrache la tête de votre petite fille ? Vous ne voulez vraiment pas me donner ce revolver ?

– Non. Si vous touchez à un cheveu de Julie, je vous flingue, toi et lui, Yann Carone.

Je jouais là une partie bien risquée. La donne m'était défavorable, mais je n'étais pas décidé à larguer mon dernier atout. Le tutoiement, davantage encore que le revolver ou le patronyme révélé de son fils spirituel, parut la froisser. Elle me l'a renvoyé aussi sec.

– T'as appris beaucoup de choses en peu de temps, elle a grincé.

Je devais poursuivre mon bluff jusqu'au bout. Je me suis installé dans le fauteuil qui lui faisait face, sans cesser de la braquer. Ça faisait quand même deux fois en quelques heures qu'elle se retrouvait en ligne de mire de mon calibre.

– Les flics pensent que je suis ton complice, j'ai commencé. C'est bien le rôle que t'as l'intention de me faire jouer ?

Je cessais pas d'imaginer ma petite Julie entre les mains de Jimmy. Ils ne devaient pas être loin. Dans quelle pièce ? Je penchais plutôt pour la cave, ou pour la bibliothèque qui jouxtait le salon… Si je décidais de déquiller la grosse et de me lancer à l'assaut, j'avais absolument pas le droit de me tromper.

Adrienne, sans pour autant jouer le mort, m'a dévoilé une partie de sa main. Preuve qu'elle entendait se servir de moi pour quelque temps encore…

– Quand ce connard de Miguel m'a parlé de toi, des parties de passe que t'organisais, j'ai aussitôt pensé au don de Jimmy pour les dés. On commençait à manquer de fric depuis l'évasion de l'hôpital. J'ai tout organisé. Au début, Miguel avait la trouille. Il voulait pas te revoir…

Je réprimai un sourire. Comme il aurait eu raison de s'obstiner, le pauvre fias !

– J'ai finalement réussi à le convaincre, poursuivit la gravosse. Et tout s'est déroulé comme prévu. Une main comme celle de Jimmy, je savais bien que tu pourrais pas la laisser passer. Mais quand j'ai appris que t'avais l'intention de conduire Jimmy en Irlande, j'ai dû bouleverser un peu mes plans. Je pouvais quand même pas laisser Jimmy se faire serrer à la première frontière… Je lui ai demandé de me téléphoner dès que tu l'aurais logé. Mais j'dois reconnaître que je t'attendais pas aussi tôt…

Cette dernière phrase qu'elle venait d'étourdiment lâcher me fit l'effet d'une risée de zef dans les toiles d'un trimaran en rade. Elle m'attendait pas aussi tôt… Mon regard glissa sur le bigophone que la grosse avait jugé bon de décrocher. Cette faute, c'était ma chance. Adrienne n'avait pas eu le temps de s'organiser comme elle avait l'habitude de le faire pour entuber ses contemporains. Elle improvisait.

La seconde partie de son discours fut reléguée au second plan de mon attention. Je l'entendais, mais je ne l'écoutais plus. Elle m'expliquait comment elle voyait l'avenir, elle et moi en duo, drivant la carrière du petit Jimmy… Cette salade, elle avait déjà dû la servir à Miguel. Et pendant qu'elle débitait son boniment, je guettais les bruits de la maison. Je priais pour qu'un bruit, un seul, me rencarde sur l'emplacement de Jimmy et Julie dans cette taule. La prière devait réclamer un minimum d'entraînement dont je manquais puisque rien ne vint m'exaucer…

– Qu'est-ce que t'en penses ? a terminé brusquement la grosse.

J'ai failli sottement me faire prendre en flag de rêveries. Adrienne, avec la perception aiguë des psychotiques, me surveillait méchamment.

– Et Julie, dans ton plan, tu la vois où ? j'ai aussitôt demandé.

Elle a sifflé son verre avant de s'en resservir un autre, dosé en long drink, sans glaçons ni flotte. À ce rythme, et à moins d'une capacité de résistance que je ne lui supposais pas, elle allait se trouver raide pistachée en moins d'une heure. Sur son alcoolisme en couperose, au moins, je ne m'étais pas trompé.

– Julie, elle reste avec moi puisque tu prends Jimmy. J'ai passé ta belle-sœur à la question, et avec sa manie de garder les mouflets de tout le monde, j'vais pas pouvoir rester ici. Dès lundi on s'inquiéterait de sa disparition…

Sur le sort de Josiane, j'étais au moins édifié.

– N'empêche que tous ces caves te faisaient marron dans les grandes largeurs ! ricanait Adrienne. Miguel, ta femme, sa frangine et même ta fille, tu t'es fait enfiler par tous les trous. Dans un sens, t'as plutôt de la chance de me rencontrer…

Entre son débit ricanant, j'essayais de tendre les écoutilles vers un léger cliquetis que je percevais depuis quelques secondes. Un petit bruit étouffé, lointain mais familier que personne d'autre que moi pouvait entendre. Cette musique-là, je l'aurais isolée dans le hourvari d'un jour de soldes sur les Grands Boulevards. Quelqu'un, dans la maison, faisait rouler les dés…

Contrairement à mon pronostic, le bruit venait du dessus. Probablement pas du premier étage, que je venais de visiter, mais plutôt du grenier que Josiane avait fait séparer en trois chambrettes mansardées, des petites pièces mignonnes, en rose et bleu, où elle condamnait les morpions pour la sieste. La multiplication des crèches demeurant dans le domaine du projet sans fin, l'activité pouvait à moyen terme se révéler tout aussi lucrative qu'un bobinard et infiniment moins susceptible d'attirer le condé. J'imaginais sans sourire cette pauvre Josiane reconvertie en sous-broche, drivant une volière à niveaux où les pensionnaires dépasseraient jamais l'âge de l'acné.

– On va pas rester là toute la nuit ! s'est brusquement impatientée la blonde. Faut que tu te décides.

J'ai hoché la tête. Encore une fois, on m'abandonnait la décision. Je me suis un instant demandé ce qui se passerait si je refusais tout bonnement la proposition d'Adrienne… Un instant seulement. Je devais plus jamais oublier qu'on ne passe pas d'accord avec des fondus de cet acabit. Je l'ai observée, la grosse. Sans son plâtrage, elle accusait facile dix piges de mieux. La haine qu'elle distillait par tous les pores de sa peau la rendait laide, repoussante… Un carcinome dans les tons brunâtres, que j'avais pas remarqué sous le maquillage, lui soulignait la pommette droite. C'est, assez curieusement, ce tout dernier détail physique qui précipita ma décision de la refroidir. Sans plus attendre… Le relais du vieux Miguel, j'avais vraiment aucune envie de le prendre une seconde fois.

Ce n'était plus que sur la façon de la rectifier, cette salope, que j'hésitais encore. Une détonation, que

Jimmy ne pouvait pas manquer d'entendre, risquait de déclencher chez lui des réactions funestes. Et j'avais tout de même deux étages à me cogner pour le rejoindre... Il n'avait pas mis des heures à saigner Miguel. Sans compter que Julie, ma toute fragile Julie, lui opposerait pas une grande résistance. L'image me fit salement frémir.

– Comment tu vois les choses ? j'ai demandé pour gagner quelques secondes.

Me pensant ferré, la gravosse s'est autorisé un sourire triomphant. Elle croyait, cette morue, m'avoir levé comme un chevesne. Je devais accumuler les sottises pour qu'on me prête tant de naïveté. Je me souvenais d'un temps où l'idée de me repasser aurait effleuré personne...

– Ce que t'as refusé à ce connard de Miguel..., elle a répondu. T'organises les parties pendant que je m'occupe de ta fille, et on partage les gains. Cinquante cinquante. C'est pas logique ? Jimmy, c'est pas le poulain facile à apprivoiser. J'ai eu des frais.

Cette répartition des bénéfices, je devinais la blonde pas du tout disposée à me l'accorder. C'était vraiment pas le genre à partager quoi que ce soit. Mais j'en étais plus à réfléchir sur la façon dont elle comptait m'arranger...

– Et les flics que j'ai sur la soie ? j'ai avancé. T'y penses ?

Son visage s'est plissé, contrarié.

– Les flics, tu fais comme moi, tu les évites, elle a grogné en se resservant un godet.

Avant d'ajouter, après une première gorgée :

– T'as intérêt !

– J'ai p't'être droit à un verre, moi aussi ?

– Fais comme chez toi, a gloussé la grosse. Maintenant qu'on est associés…

Ce fut l'association la plus brève de toute l'histoire des entreprises. Elle avait beau commencer à être sérieusement chicorée, Adrienne, je voyais bien qu'elle gaffait attentivement mes gestes. Je me suis dirigé vers le bar. J'ai fait tinter deux glaçons dans un verre que j'ai arrosés de whisky avant d'enfin saisir, désinvolte, l'objet de mes désirs. Le geste n'inquiéta pas la blonde. Je n'en demandais pas davantage.

À coups de siphon, que Josiane avait drôlement bien fait de choisir dans le métal, j'ai défoncé le crâne de la bordille. Cueillie à la tempe, où poussait déjà un joli chtard, elle a piqué du nez. D'un deuxième coup porté sur la nuque, j'ai achevé de l'étourdir. C'est à peine si elle avait exhalé en morflant le premier taquet un couinement de surmulot. Elle se tenait maintenant à quatre pattes, le menton au ras de la table basse, en équilibre précaire. D'un shoot fantastique dans les meules, je l'ai escaffée pour le compte. Elle a enfin consenti à s'allonger. Le plus dur restait à faire…

À la manière de Jimmy, je devais la terminer.

L'idée m'était venue depuis un moment, de faire

porter le chapeau au mongol en copiant sa griffe, mais sur le coup, au pied du mur, ma haine a plus été suffisante pour m'éviter le dégoût. D'autant que là-haut, j'entendais plus du tout rouler les dés !

Plutôt robuste du cigare, la gravosse remuait déjà. Si je la laissais émerger un poil du sirop, elle allait pousser un hurlement à faire péter la planète. Je l'ai retournée et me suis assis sur ses bourrelets.

– L'Histoire se répète, ma vieille…, j'ai murmuré en songeant que c'était la seconde fois que je lui assaisonnais le portrait.

Il n'y en aurait pas de troisième… Je l'ai d'abord crochée par le col de son chemisier, remontée vivement vers moi pour lui faire exploser le tarin d'un vigoureux coup de boule. Au sifflet, ensuite, à la faiblesse de la carotide, je l'ai entreprise. C'était la première fois que j'étranglais quelqu'un et j'ai bien cru que ses soubresauts n'en finiraient jamais. Elle ruait comme un bronco et je devais drôlement me cramponner pour ne pas dévisser. J'appréciais mieux, d'un coup, l'assiette héroïque des jockeys d'obstacle. Ma monture devint enfin toute molle. Je ne me souvenais plus avoir fermé les châsses mais, en les rouvrant, j'ai grimacé devant les hublots exorbités d'Adrienne, sa couperose soulignée dans les tons cyanure et la langue noire et enflée qui lui sortait de la bouche.

Je me suis relevé, le souffle court. Je sucrais méchamment les fraises. Mais elle était enfin crevée, l'ordure…

J'étais pourtant pas au bout des avanies puisqu'une petite voix flûtée, venant de l'escalier, m'a interpellé :

– Papa ? Qu'est-ce que tu fais ?

Je me suis retourné, lentement, évitant connement de respirer comme si mon souffle risquait à tout moment de faire basculer la nuit dans le Grand Guignol…

Julie était sur la quatrième marche. Elle regardait le cadavre d'Adrienne et Jimmy était juste derrière elle…

16.

DANS L'ORDONNANCE des choses prévues, quelque chose m'échappait. Ça devenait tout de même baroque cette façon de jamais prévoir l'instant suivant, de me laisser toujours surprendre par le destin comme un touriste largué dans le tumulte d'un rapide…

Le plus étrange restait l'attitude de Julie qui ne paraissait ni particulièrement apeurée, ni même pressée de quitter la proximité de Jimmy. Le calibre que je tenais fermement en main me servait à peau de balle. Devant le mongol, Julie faisait écran. Jimmy ne semblait d'ailleurs pas autrement soucieux de se protéger derrière ma fille. Il observait, avec son habituel air ahuri, le corps de sa mère putative. J'avais même le sentiment que c'était Julie qui se plaçait devant lui et non lui derrière elle…

– Tu l'as tuée ? Bien fait !

Je tressaillai devant ces quelques mots que venait

de lâcher Julie. Julie si douce. Elle m'approuvait, guillerette, d'avoir crouni, et de façon pas agréable, la grosse Adrienne. Devant les images distillées par la téloche que Julie pratiquait assidûment, je voulais bien admettre que les mômes n'étaient plus facilement impressionnables... Mais tout de même. Le calibre que je tenais en pogne, et qui se voyait quand même pas tous les jours dans les cours de récré, paraissait pas non plus la surprendre. J'ai regardé ma fille, avec ses traits de poupée, ses pommettes roses comme soulignées au fard, ses douilles si mignonnement ondulées qui lui ruisselaient en cascade sur les endosses... Je retrouvais déjà, dans ce portrait charmeur, le côté aguicheur qu'avait toujours eu sa mère. Le côté franche salope aussi, je devais admettre... À huit piges et une poignée de marcotins, Mlle Julie, avec ses magnes de Lolita, se pointait déjà au guicheton des futures dévoreuses de santé.

– Éloigne-toi de Jimmy..., j'ai grondé.

Le regard atone du mongol a enfin quitté le cadavre pour glisser sur moi. J'y lisais toujours pas le moindre signe d'intelligence, rien qui puisse me laisser croire qu'il pouvait prendre l'initiative de repérer une adresse et de téléphoner à sa vieille pour la rencarder. L'exploit me semblait relever de la plus pure science-fiction...

– Jimmy et moi, on est copains ! s'est rebiffée l'emmerdeuse.

L'emmerdeuse... Je pouvais bien l'appeler comme

ça, depuis le temps que je lui courais après, avec sa manie de se faire enlever tout le temps par tout le monde. Dans quelle mesure elle incitait pas au kidnapping, la petite peste ? Je pouvais pas croire qu'elle baptisait son « copain » celui qui venait de décapiter sa daronne. Elle devait ignorer ce meurtre. Pas pensable autrement…

– Où est Josiane ? j'ai demandé.

Julie a balancé un regard furtif et vaguement ennuyé vers Jimmy.

– Je ne sais pas, elle a minaudé en désignant le corps de la grosse. Celle-là nous a enfermés en haut quand elle est arrivée. J'ai réussi à démonter la serrure pendant que Jimmy jouait aux dés. Tu sais qu'il est très fort aux dés. Il peut sortir le chiffre que tu lui demandes, quand il veut.

Ça, je le savais. En revanche, j'imaginais déjà moins bien ma Julie démonter une serrure. Les talents de balluchonneur, ça devait quand même pas être congénital…

– Et comment elle est arrivée ici ? j'ai insisté en regardant la grosse. Qui l'a prévenue ?

– Je sais pas, s'est butée Julie, boudeuse d'un coup. Jimmy a rien fait. J'étais enfermé avec lui en haut.

Elle s'affichait hautement complice ! Elle mentait avec aplomb mais sans la finesse qui m'aurait peut-être incité à la croire. J'avais avalé d'autres couleuvres. Mais là, c'était le vrai constrictor qu'elle me demandait de digérer… Et je pouvais pas mettre ce manque de clairvoyance dans la compréhension des choses sur le compte de la fatigue ou l'absence de nourriture. La brutalité des derniers événements avait gommé chez moi toute trace de lassitude. L'adrénaline, accumulée lors du buttage de la grosse, coulait encore dans mes tuyaux et m'autorisait une vigilance que j'avais plus affichée depuis lerche.

Je connaissais, chez les mômes, cette faculté des amitiés faciles, mais la rapidité de celle qui semblait désormais lier Julie à Jimmy me laissait songeur.

À ce moment, Jimmy a levé le poing. J'ai cru qu'il allait l'abattre sur la tête de Julie.

– Jimmy…, j'ai murmuré en relevant le chien de mon colt, prêt à balancer la sauce s'il osait, ce bouffon sinistre, seulement frôler Julie.

Son poing s'est ouvert. J'ai frimé, paumés dans les lignes profondes de sa paume, les dés du bel Angelo.

– On va jouer ? a demandé le mongol, esquissant un sourire que je lui avais encore jamais vu.

J'éprouvai, d'un coup, comme un besoin de m'asseoir, de licher quelques décilitres de pur malt en long drink, d'allumer la téloche et de plus voir personne ! Je voulais tous les oublier, ces délirants, les effacer de ma tronche comme les réminiscences embrouilleuses d'un mauvais rêve. Revenir à la case départ, dans cette rue de Paname que je remontais après avoir trouvé le bar fermaga et croyant encore à une grippe de Patricia. J'avais pas suivi, depuis, la voie triomphale. Ça tournait même plutôt à l'autoroute sanglante, à l'avenue des emboutis. Je n'avais qu'un mort à inscrire à mon palmarès, mais tous ces cadavres qui commençaient à fleurir sur mon chemin, je finissais par en endosser la paternité. J'allais devenir, si ça devait se poursuivre cette béchamel, le principal responsable de la surpopulation du boulevard des allongés. Charrieur de pâles en free-lance, je me découvrais sur le tard des vocations douteuses. Moi qui avais toujours fui les éternels ennuis générés par les rouleurs de mécanique, je pouvais prétendre aujourd'hui à une assez belle réussite…

Et l'autre boucher ahuri, son découpage à vif tout juste achevé, qui me demandait si, oui ou non, on allait finir par rincer les flambeurs de l'Hexagone…

C'était tout de même beaucoup pour un seul homme.

J'ai tendu ma pogne libre vers Julie.

– Viens près de moi ! j'ai ordonné, assez sec de ton.

– Je reste avec Jimmy, a refusé tout net cette chieuse.

– Viens ici, j'te dis ! j'ai hurlé, franchement en pétard.

Tiens, fume… La morpionne a glissé sa petite paluche dans celle, maousse et molle, du mongol.

– Jimmy et moi, on se quitte plus ! elle a décidé.

Les singularités de l'existence cessaient plus de m'étonner. Deux minutes plus tôt, j'en étais encore à broyer la carotide d'Adrienne avec l'espoir fou d'arriver à temps pour arracher ma fille des pattes d'un assassin, et maintenant, me bêchant à mort, mademoiselle l'emmerdeuse se plaçait sous la protection de celui que j'envisageais de sécher en rafales ! D'un tourmenteur à l'autre, elle faisait vraiment tout pour me gâter la vie. Je pouvais pas laisser les catastrophes s'installer en routine et les embrouilles devenir une fatalité dont je serais, trop souvent, la victime désabusée. Ça commençait à bien faire !

Je me suis avancé pour m'ouvrir l'angle de tir. Au calibre y a encore quelques années, j'étais pas manchot mais je n'avais plus mis les pinceaux dans un stand depuis lurette. Le principe s'oublie pas mais rien ne remplace la pratique. Je m'exposais, en me prétendant toujours aussi adroit, à quelques sévères désillusions dont ma Julie pouvait absolument pas faire les frais. Elle se dandinait d'une guitare sur l'autre, inquiète en me voyant approcher, consciente peut-être d'avoir lancé le bouchon un peu loin de la rive…

– Ton nouveau copain, j'ai grondé, il a buté ta mère. Je nie pas le côté moderne de l'histoire mais question morale y aurait quand même à redire…

J'étais plus qu'à deux mètres de l'escalier, bientôt à portée de pogne…

– C'est pas vrai ! s'est écriée Julie. C'était la grosse qui tuait tout le monde et qui faisait croire que c'était Jimmy !

J'ai marqué une légère pause.

– Et elle est tombée ici par hasard, la grosse ? j'ai grincé. Sans que personne la prévienne ?

– C'est Josiane qui a téléphoné !

Je tenais ma chance. Sans élan, j'ai bondi sur l'escadrin et, de ma main prolongée du colt, j'ai avoiné Jimmy, méchamment. L'emmerdeuse, bousculée dans l'affaire, s'est mise à piailler. Je l'ai propulsé sans ménagement côté salon, loin de Jimmy. Au deuxième coup de crosse sur le cigare, le mongol a consenti à s'affaisser. Pas vraiment assommé. Plutôt apeuré. J'ai pointé le revolver sur son visage, juste entre ses yeux de débile.

– J'vais te crever, ordure ! Enculé ! Espèce de malade !

Les injures fusaient entre mes chailles serrées, sans que je parvienne vraiment à en contrôler le débit. J'appartenais à cette catégorie de caroubleurs qui ont besoin de se doper à l'insulte avant d'avoiner. Et même pendant, pour pas laisser mollir le rythme des châtaignes.

Mais là, devant Jimmy, alors que j'aurais dû redoubler de vigueur, je manquais singulièrement de ressort. Cette main armée que je venais de lever pour la troisième fois, pour un coup que j'espérais définitif, je parvenais pas à l'abattre. Jimmy me regardait, avec ses yeux de Chinois d'où perlaient quelques larmes. Ça pouvait pas, ce visage d'enfant martyr, être celui de l'assassin féroce qu'avait décrit Di Gali ? Ou alors j'étais victime d'un maléfice…

La môme est revenue dans mon dos comme une balle.

– Montre-lui la carte, Jimmy ! elle glapissait. Montre-lui !

Je me suis ébroué, comme un gail pour se débarrasser d'un moustique. Fallait absolument que je sorte de cette torpeur qui m'alanguissait la viande.

Jimmy a extirpé un bristol de ses glaudes. Un rectangle de carton à l'allure officielle où j'ai pu lire : *Sous contrôle médical – En cas de malaise, prévenir :* ... Et le numéro de turlu qui suivait, avec un indicatif de la grande couronne.

– Et Jimmy a eu un malaise..., j'ai soupiré.

– Oui, il avait mal dans la tête, a confirmé Julie.

Je commençais à reconstituer le puzzle sanglant de la nuit. Je me suis détronché et j'ai longuement observé le cadavre d'Adrienne, avec la certitude d'avoir débarrassé la planète d'une vraie sorcière, d'une salope d'un acabit tout à fait maléfique... Le témoin qui avait affranchi Di Gali sur ma Jaguar, j'avais sûrement pas à le chercher plus loin.

Je me suis assis sur les marches, comme assommé.

– Elle est arrivée combien de temps après le coup de fil de Josiane ? j'ai murmuré.

– Pas tout de suite, a vaguement estimé Julie. Jimmy criait et commençait à casser des choses. Quand elle est arrivée, elle a fait une piqûre à Jimmy et Josiane nous a renvoyés au lit. Après j'ai entendu la grosse discuter avec Josiane et maman...

Un sanglot nerveux a étouffé la suite. Après, Julie pouvait plus raconter. J'ai tendu le bras et pris Jimmy contre moi.

– Pleure plus, fils, j'ai soufflé. Demain, on ira jouer aux dés, toi et moi…

Et pour négliger personne, j'ai ajouté en cloquant la môme sur mes genoux :

– Toi, moi et Julie.

Josiane était dans la cave, nue et attachée sur un vieux lit métallique d'enfant. Toute recroquevillée, elle y tenait, débordant juste des nougats. Elle avait été torturée, trop savamment pour l'avoir été par Jimmy, et achevée à coups de pelle américaine. Adrienne avait résisté, cette fois, à sa manie de décapiter ses contemporains. Je l'avais peut-être contrariée en plein turbin, juste avant qu'elle ne s'attaque aux chairs fragiles du cou.

Les cannes un peu frémissantes, je suis remonté à l'étage où m'attendaient Julie et Jimmy, habillés, prêts à décarrer.

– Tatty était pas en bas ? a naïvement demandé la môme.

J'ai secoué la tête, négativement. Tatty Josiane était plus nulle part. Des centaines de questions s'entrechoquaient dans ma tête fatiguée. Je laissais derrière moi, dans cette baraque sinistre, pas moins de trois viandes froides. Je pouvais compter sur Di Gali pour penser que le chapeau m'allait à merveille… J'étais pas sorti du pastis. Loin de là. Je devais même à chaque heure qui s'écoulait m'y enfoncer un peu plus. Pourtant, dans l'allée gravillonnée, quand j'ai senti les paluches de Julie et Jimmy se glisser dans les miennes, j'ai encore une fois tout oublié. Levant les châsses, j'ai aperçu à travers une déchirure dans l'épais plafond de nuages une étoile maousse qui brillait…

– T'as intérêt à pas me lâcher d'une semelle, toi…, j'ai marmonné en sourdine.

Et comme pour me prouver qu'elle avait réceptionné mon message, son reflet a éclairé la carrosserie du taxi de Sony, un peu plus loin dans la rue. Je me suis approché, conscient de tout ce qu'avait notre trio de chaplinesque. Le noirpiot est sorti de son sapin et d'une voix timide m'a demandé :

– J'ai réfléchi. Pour le prix du retour, ça tient toujours ?

Collection Entailles

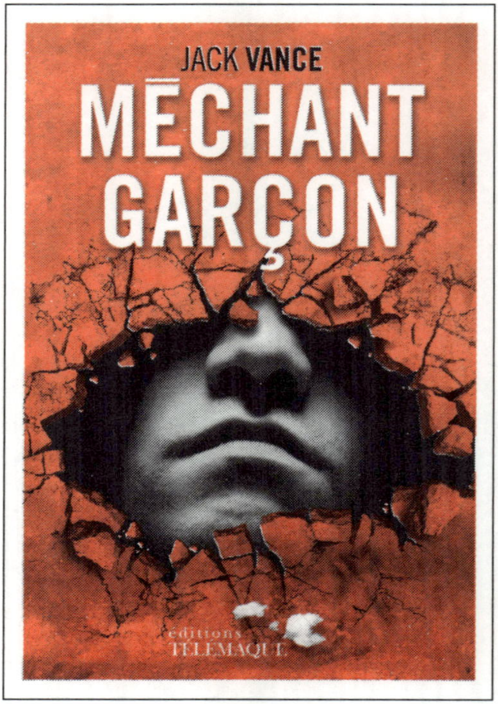
JACK VANCE
MĒCHANT
GARÇON
éditions
TÉLÉMAQUE

MÉCHANT GARÇON
de Jack Vance

Ronald est très attiré par sa camarade, Lauren. Elle, beaucoup moins. Quand elle le repousse et qu'il l'étrangle « accidentellement », la mère de l'adolescent convaincue de l'innocence de son fils le cache dans leur propre maison. Les mois passent. La mère de Ronald est victime d'un arrêt cardiaque.

Il se retrouve seul, parasite invisible et voyeur, dissimulé au cœur de la maison qu'une nouvelle famille va bientôt habiter…

« Un thriller psychologique claustrophobe, étouffant et parfaitement pervers. »

Parution en juin 2007

Extrait de **MÉCHANT GARÇON**

(...) Le jeudi matin, Ronald se sentait à bout de nerfs et tendu pour une raison qu'il ignorait mais qui passerait le seuil de sa conscience quand il en aurait besoin. II avait même de légères nausées, tel l'athlète qui va affronter une compétition où son titre est en jeu. Un événement important se préparait, il en avait une sorte de prémonition.

Quand Mrs Wood partit au travail, il ne bondit pas immédiatement dans la cuisine, mais resta assis sur le bord de son lit, l'œil fixé sur le plancher. Avec la vigilance d'un médecin ou d'un chercheur scientifique, il prenait note de ses symptômes : paupière battante, sensation de fragilité au niveau de l'estomac, légers troubles de l'équilibre : perceptions insolites mais pas désagréables. Il poussa un gros soupir et tenta de mettre de l'ordre dans ses idées... sans succès.

(...) Ronald se leva : un courant électrique d'une

puissance étonnante lui courait dans les veines. Il ouvrit la porte secrète, rampa jusque dans la cuisine, rongea un morceau de poulet froid, se faufila dans le living-room et s'assit sur un siège d'où il avait vue sur la rue. La porte d'entrée était fermée à clé et la clé était cachée sous une marche. Aujourd'hui, Ben Wood devait en faire faire des doubles pour que chacun des membres de la famille en eût une. Ensuite la maison serait toujours fermée à clé.

Pour lui cela ne changeait rien ; sa mère avait toujours fermé la porte à clé… Sa mère ! Il y avait un certain temps qu'il n'avait pas pensé à elle. Chère vieille maman ! Citoyenne d'un autre âge, d'un âge terriblement lointain, comme la reine Victoria.

Les heures s'écoulaient avec lenteur. Il se sentait calme mais avec tous les sens en éveil, comme s'il avait pris une drogue qui lui ferait tout voir au ralenti. Des images passèrent devant ses yeux : Barbara en sous-vêtements. En voilà une qui aimait les montrer, les balancer, les tortiller, ses seins ! Posséder de tels charmes et en faire un si piètre usage, c'était une provocation inexcusable. Tant pis pour elle, tant pis ! Une fille comme elle s'offrait au tout-venant ? Eh bien on saurait la prendre… et on s'occuperait bien d'elle !

Les douze coups de midi sonnèrent à la pendule du salon. Ronald fila à la cuisine et se prépara un sandwich au beurre de cacahuètes, mayonnaise et banane. Il se sentait la tête froide et avait la satisfaction de constater que ses mouvements étaient parfaitement précis et bien coordonnés, ce qui était dû, se dit-il, au fait qu'il entrait dans ce qu'on pourrait appeler la phase 3. Il était totalement indépendant, capable de s'assumer tout seul : lui contre le monde, oui, voilà où il en était, que ce qui doit arriver arrive. Il n'avait rien à craindre : son bastion était inaccessible tant qu'il n'y ferait aucun bruit… D'une certaine façon, il avait l'impression d'être refait à neuf ou plutôt de voir se révéler sa véritable personnalité : un homme désentravé, libéré de ses chaînes, indomptable. Une fois que l'on était un avec… avec la Destinée ? Non, ce n'était peut-être pas le terme qui convenait, disons le Destin ? Le Cosmos ? Tant pis, peu importe le nom. Donc, chaque fois qu'un individu s'unissait à cette force formidable – quel que soit son nom – tout devenait possible, tout rêve devenait réalisable. À une condition évidemment : demeurer réaliste, pas question de s'envoler ou de faire deux kilomètres en trente secondes. Mais une action ordinaire ne connaissait plus aucune sorte d'empêchement.

Bien sûr la seule témérité ne suffisait pas, il fallait lui adjoindre l'habileté et la prévoyance. Ronald replaça soigneusement le pain dans la huche, la mayonnaise et le pot de beurre de cacahuètes dans le réfrigérateur ; il rinça et essuya le couteau, le remit dans le tiroir. Il était une heure. Ronald regagna sa cachette, toujours électrisé par cette vitalité toute neuve. Les graphiques accrochés au mur attirèrent son attention : cela appartenait à une période dépassée et ennuyeuse de son existence. Il se leva et les décrocha. À la bonne heure, c'était bien mieux à présent. Un peu de gymnastique ? Non, pas maintenant, il n'était pas en humeur de s'agiter. Il préférait s'étendre et s'abandonner aux nouvelles sensations qu'il commençait à expérimenter.

Trois heures. Il avait la bouche un peu pâteuse ; il se brossa vigoureusement les dents. C'est à des précautions de ce genre qu'on reconnaissait un gentleman, sa mère le lui avait assez souvent répété. Il fronça le sourcil en examinant ses ongles ; il devrait y consacrer un peu de son temps, encore une recommandation de sa mère ; des ongles propres et bien taillés, c'est important. Pour le reste, il n'était pas disposé à trop s'inspirer des préceptes maternels. Une femme merveilleuse au demeurant, peut-être un peu vieux jeu, un tantinet conventionnelle. Ronald s'étira et se gratta la joue. Il ferait peut-être bien de se raser ? Il laissa la question sans réponse mais il se brossa les cheveux, il avait une sacrée tignasse. Bah ! Les cheveux longs sont à la mode, alors qu'est-ce que ça peut bien faire ?

Trois heures vingt : Ronald rampa dans la cuisine, entra sur la pointe des pieds au salon et s'approcha de la fenêtre. Le sang bouillonnait gaiement dans ses veines, jamais il ne s'était senti aussi en forme, aussi plein d'assurance… Et si Barbara restait tard en classe ? Cela pouvait fort bien arriver ; dans ce cas ? Assez embêtant… Ah ! La voilà ! En jupe gris-bleu très courte et pull-over rouge foncé. Il battit en retraite dans l'escalier et s'arrêta sur le palier où il se blottit dans l'ombre.

Le loquet tourna sans résultat ; la jeune fille avait oublié que la porte était fermée à clé, elle retourna la chercher. La porte s'ouvrit. Barbara entra dans la maison avec moins de désinvolture que de coutume. Elle erra dans la salle à manger, laissa choir ses livres sur la table, tourna la tête comme si une odeur insolite ou un bruit bizarre avait attiré son attention. Au bout d'un instant, elle alla dans la cuisine et prit dans le réfrigérateur une pomme et un verre de lait. Elle décida de s'asseoir en bas jusqu'à l'arrivée de ses sœurs. Après tous les étranges phénomènes dont elle avait été le théâtre, la maison n'offrait plus la même sécurité que pendant l'été dernier. Elle referma le réfrigérateur, et quand elle se retourna, elle se trouva nez à nez avec Ronald qui franchissait le seuil.

– Salut ! lui dit-il.

Elle le fixa éberluée.

Il eut un sourire bon et modeste :

– Vous ne me connaissez pas, mais moi je vous connais.

Cet ouvrage a été composé par
IGS-CP à L'Isle-d'Espagnac (16)
et achevé d'imprimer en mai 2007
par Normandie Roto Impression s.a.s. à Lonrai (61250)
Dépôt légal : mai 2007
N° d'édition : 0705/01
N° d'imprimeur : 071242

Joël HOUSSIN, né en 1953, est l'auteur de plus d'une centaine de romans et scénariste à succès pour la télévision et le cinéma.

La science-fiction lui vaut ses premiers succès avec notamment *Les Vautours* (Grand Prix de la SF, 1986), *Argentine* (prix Apollo, 1990) et *Le Temps du twist*, (Prix Fnac, Grand Prix de l'Imaginaire, 1991).

Il crée en 1981 la série du *Dobermann* adaptée au cinéma par Jan Kounen en 1997.

Il se concentre depuis sur l'écriture de scénarios pour la télévision : *Les Bœufs-carottes*, *Rocca* ou encore *David Nolande* sur France 2.

Enfin, au cinéma, il est l'auteur des scénarios de *Ma Vie est un enfer*, *Dobermann* et *Les Racines du mal* (en projet), d'après Maurice G. Dantec.

Bibliographie complète disponible sur www.jfpm.fr